The Last Lecture

最後の講義

完全版

いつの日か国境を踏みつぶして欲しい。

政治学者
姜尚中

主婦の友社

Contents

Contents

第4章
質疑応答②

第5章

講義を終えて

Contents

※本書は、2024年8月に放送されました「最後の講義 政治学者 姜尚中」（NHK）を書籍化しました。収録すべてを記したうえで、さらに加筆修正したものです。

序章
アジアについてどれくらい知っていますか

アジアからアジアを見る

ああ、どうも、こんにちは。なんかこうやって登場するなんて、ちょっと僕は恥ずかしいんだけど、皆さん、よくおいでいただきました。ありがとうございます。

今日は「最後の講義」ということで、自分の人生の最後に講義をするとしたらどんな話をしますか？という題をいただきまして、それで皆さんと一緒に時間を費やしたいと思います。

この場には、熊本を中心に九州の高校生や大学生、大学院生、それから社会人まで、20名のかたが集まっています。日本だけでなく、留学生も含めて、アジアのいろんな国からおいでになっていますね。この会場のある熊本になじみのある人もいれば、あまりなじみのない人もいるかもしれません。そんな多様な皆さんと、今日はアジアについて知ろうと考えています。

話の流れは、大きく2つに分かれる予定です。最初は僕の個人的な歴史、パーソナルヒストリーといったものを語りながら、僕がアジアについてどう考えてきたのか、これを皆さんに知ってもらいたいと思うんです。

その次は、そこに今いくつか本が並べられていますね。これは『**アジア人物史**』と言って、全12巻あります。ずいぶん厚いでしょ？　アジアの神話の時代、つまり、はるか紀元前から21世紀まで、このアジアとい

『アジア人物史』　姜さんが人生の集大成のように取り組み総監修した、評伝を積み重ねて描いた大作のアジア通史。神話の時代から今世紀まで、ブッダ、織田信長、ブルース・リーなどアジアに生きた有名無名1万人以上の姿を見つめた。人物選定のキーワードは〝交流〟。交易や宗教、思想、芸術の伝播といった平和友好的なものだけでなく、略奪、侵略、戦争などの激しい衝突、長い時を超えた〝交流〟も。全12巻。集英社刊。

う場所で活躍した人物を中心に、大体1万人くらいを扱った本です。その総監修を僕がやったのですが、なぜこういう試みをしたのかということを、後半に少し話しながら、皆さんに考えていただく材料を提供したいと思います。

さて、さっそくですが、皆さんはアジアについてどんなイメージを持っていますか。これは皆さん一人ひとり、たぶん違うんじゃないかと思います。

そもそも、アジアという言葉は何をさしているのか。

これはもう、調べればすぐにわかるのですが、アジアというのは、じつはアジアから生み出された言葉ではありません。アジアは他称、つまり他者によって与えられた名前です。大体、地中海の東側、そこを中心にして西側をヨーロッパ、東側をアジアと呼びます。アジアというのは英語ではエイシアですが、これはもともとは「日が出《いず》る」という意味があります。日本のことをよく「日出ずる国」と言いますよね。それをさしている言葉です。じゃあ、ヨーロッパとは何か。そう、「日が没する」、そういう地域をさしていたわけです。ヨーロッパとアジアをひと続きの大陸と考えてユーラシア（Eurasia）大陸という言い方がありますが、これはヨーロッパ（Europe）とアジア（Asia）を合成した言葉です。

アジアは大きく分けると、大体5つくらいのゾーンになると思います。その一つは、今日の話の中心になる中国や日本や朝鮮半島、韓国、また台湾やモンゴルも入れていいと思うんですが、それらを含めた「東アジア」。それから、今日はマレーシアからおいでになったかたがいますが、そのマレーシアのある「東南アジア」、そしてインドなどの「南アジア」、イランやトルコを含めた主にイスラム圏である「西アジア」。それから「中央アジア」もありますね。ウズベキスタン、カザフスタンなどの国々があります。

アジアはこのような広大な地域です。人口を見ても、世界の人口の約6割くらいになるでしょう。大陸と島と海を含めたこれらの広大な地域をひとまとめにして、地中海の東側、つまりアジアと呼んでいるわけです。

歴史的には、商業民族であった**フェニキア人**が最初にアジアを名乗ったともいわれていますけれども、いずれにせよ、アジアという名称はアジアの人が自分たちでつくったわけではないのです。

フェニキア人 紀元前12世紀頃から地中海沿岸部で活動した民族。海上交易で繁栄し、地中海沿岸各地に都市国家を建設した。

よく日本は極東といわれるでしょう。商標登録などにも使われていますよね。東の極《きわ》み。これは誰から見てのことでしょう。言うまでもなくイギリスです。同じように中東という言葉もあります。今、パレスチナのガザをめぐる問題が非常に大きくなっていますが、その地域です。また、バルカン半島からトルコをさす近東という言い方もありますね。これらもおそらくはイギリスから見た呼称です。

つまり私たちは、アジアについて語りながら、じつはヨーロッパから見た形でアジアを平気で語っているわけ。で、そういうあり方がいつから出てきたかと言うと、大体19世紀の半ばくらい、**アヘン戦争**の時代からです。皆さんも歴史で学んだと思うのですが、**ウエスタン・インパクト**があって、ヨーロッパの強い国々がアジアに向かってきた。こうした

アヘン戦争　1840年、アヘンの密輸から起こったイギリスと清の戦争。イギリスが勝利し、42年に南京条約が締結され、香港割譲などの権益を得た。ヨーロッパ勢力によるアジア進出の第一歩となった。

ウエスタン・インパクト　アヘン戦争を契機とし、産業革命を達成したイギリスをはじめとする欧米列強がアジアへの経済進出と侵略を開始。政治、経済、文化などあらゆる面でアジアの伝統的社会に衝撃を与え、ウエスタン・インパクト（西洋の衝撃）と呼ばれる。

時代から、極東とか、中東とか、近東などという言葉が、何か当然のことのように言われ始めたんです。でもじつは、それは他者から見た、つまりアジアではない地域の人々から見たアジアだったわけですね。

しかし、本当に必要なのは、他者からアジアを見るのではなく、アジアからアジアを見る視点ではないか。アジアについて考えるにあたって、まずそのことを頭に置いてほしいと思います。

なぜ世界に関心を持つ必要があるのか

もう一つ、本題に入る前に考えておきたいことがあります。それは、なぜわれわれが世界で起きていることに関心を持つ必要があるのかということです。誰もが自分の目の前の生活に追われ、受験や、あるいは大学に入って、あるいは社会に出て、いかによい働き口を見つけ、自分のキャリアをどう築いていくかを考えるので精いっぱいです。自分の身の回りのことだけに関心を持っていればいいじゃないかと思うでしょう。それなのになぜ、世界のことに、ましてやアジアで起きているいろんなことに関心を持つ必要があるんだろう、と。そう思っても不思議ではありません。

アジアは17世紀以降に大体の形が生まれ、18世紀にはほぼ現在の形になったと言えるでしょう。その時代の国々は、すべて帝国です。イランのサファヴィー朝、インドのムガール帝国、近東のオスマントルコ帝国、東アジアの明・清朝、そして江戸、李氏朝鮮など。東南アジアにも

帝国 複数の民族や文化、言語を支配下に置く大規模な政治組織。一つの中心的な権力が周辺地域を支配し、多様な文化が共存する場合が多いとされる。

さまざまな王朝が出てきて、大体今の原型ができ上がりました。この時代は帝国の時代です。帝国とは何かと言うと、**国民国家**とは違い、そこに多様な民族がいていいわけです。多様な宗教を持った人がいていい。それを大きく包むアンブレラのようなものが帝国です。

そしてこの帝国の時代は、比較的、比較的ですが平和でした。それが19世紀になり、国民国家ができてくると、大きく世界が変わっていきます。国民国家というのは、一つの民族や文化、言語に基づいて形成される国家で、ナショナリズムが出てくる。**ナショナリズム**はわかりやすいわけです。僕もそうだし、皆さんもそうだと思うけれど、自分が応援しているナショナルチームが勝つと、やったー!と言うじゃない? サッカー見ていてもそうでしょう。ヨーロッパのリーグでも、イギリスとドイツがぶつかり合っているときに、もうそれこそパブで、イギリスが勝

国民国家　一つの民族や文化、言語に基づいて形成される政治組織。国民が共通のアイデンティティを持ち、それをもとに国家が運営される。

ナショナリズム　国家主義、民族主義、国民主義とも呼ばれる。国家や民族の統一、独立、繁栄をめざす思想や運動のこと。

っと大喜びをしているとか、ドイツが勝つと大喜びをしている。今でも私たちは、ナショナリズムがどうしてもやっぱり自分たちの否定できない行動原理になっているわけですね。

そういう時代は、じつは帝国の時代に比べて戦争が起きやすいと言えます。なぜかと言うと、主権国家、主権を持っている国家があるということは、主権、国民主権ですから、国民が神様なわけですよ。だから、ケンカ、戦争は国民全体の戦争になるでしょう。相手の国がいやだとか、嫌いだとか、国民全体がそういうふうになると、もう調和しがたくなる。こういう時代が、じつは20世紀においてさまざまな大きな戦争をつくり出してきたわけです。

しかし、今でも私たちは国民国家の時代から変わらず、自由ではない。今日ここにいる皆さんもそれぞれがナショナリティ、国籍を持っています。国籍を持っていなければ、まずその存在自体が苦しいでしょう。暮らしていくこと自体が非常に難しくなる。台湾や、韓国や、中国や、あるいは東南アジアから来たかたがたも、パスポートがなければ移動もできない。国民国家というものがあって、そのパスポートを持っていれば一応、地球上、いろんなところに行けるわけですが、そういう時代は、まあ、せいぜいこの数十年くらいなんですね。

では、そういう国民国家の時代、戦争が起こりやすい時代に生きるには、どうしたらいいか。それを考えていくときに、世界に関心を持つことが意味を持ってくるでしょう。そして特に、世界の歴史の中には学ぶべき知恵があるかもしれません。

先ほど紹介した『アジア人物史』は、「国」ではなく、「人」に焦点を当てた歴史書です。一つの国を見るときに、その国にいる人にフォーカスすることで、その国に対する違う見え方が生まれます。国を超えた人と人の絆も見えてくる。このアジアにもそういう歴史がたくさんありました。

今日の話の後半では、そうした歴史上の人物を紹介します。皆さんがこれからアジアについて、また世界について、考えるときの材料にしていただけたら嬉しいです。

第1章

パーソナルヒストリー
～僕がアジアについてどう考えてきたか

朝鮮戦争開戦の年、在日二世として熊本に生まれる

私は熊本で生まれました。熊本駅のすぐ北側に花岡山という山がありまして、その横に万日山《まんにちやま》という山があります。そのふもとに、在日の人たちの集落があったんです。私はそこで生まれました。花岡山は、熊本にいる人なら誰でも知っている、熊本バンドの発祥の地です。海老名弾正や徳富蘇峰などいろいろなクリスチャンが集まった、熊本バンド。ここは有名な場所です。その隣の万日山には、なだらかな傾斜地に這《は》いつくばるようにして在日韓国・朝鮮人の集落があったんです。

私の父親と母親は、韓国の南側の鎮海、チネと言いますけれども、そ

熊本バンド　熊本洋学校で学ぶ生徒により、1876年(明治9年)に設立されたプロテスタント・クリスチャンのグループ。熊本洋学校が閉校し、多くは京都の同志社英学校に移った。横浜バンド、札幌バンドと並び、プロテスタントの源流の一つとされる。

家族写真。前列左が姜さん。

こから日本にやってきた。最初は東京の軍需工場で働いていて、それで戦争のさなか、大変な時代でしたから、やがて名古屋の軍需工場に移動して、それから、また移動して熊本に来たわけです。

熊本にいる人だったら誰でも知っている、健軍というところがあるでしょう? そこに、僕の叔父さんにあたる人がいました。この人はその当時、珍しいのですが、在日でありながら憲兵をしていたんですね。この熊本で。そして熊本には日本有数の軍需工場がありました。で、日本の敗戦が濃厚になった頃、私の両親は自分の国に帰ろうとしました。その前に、叔父さん夫婦に別れを告げるためにここに立ち寄ったわけ。そして敗戦を迎え、その後、僕が生まれてしまった、と。昭和25年、1950年のことです。1950年の6月25日と言えば、今日は韓国から来た留学生がいるのでわかると思うんですが、これは「ユギオ」と言

朝鮮戦争　1950年6月25日、朝鮮民主主義人民共和国(北朝鮮)軍が北緯38度線を越えて南下し、開始された内戦。アメリカ軍を中心とした国連軍が韓国を支援して介入し、これに対して中国が北朝鮮側に参戦。53年7月に休戦協定調印。朝鮮民族だけで400万人もの犠牲者を出し、南北分断で離散した家族は1000万人といわれる。

いますね。625動乱。**朝鮮戦争**が始まりました。そして1953年まで続き、結局、休戦状態になります。

今、皆さんは、ウクライナで戦争が起きているのはわかっていますね。これをどうやって終わらせるか。いろいろな人が知恵を絞ろうとしている。その一つとして、シーズファイア（cease-fire）、英語で停戦のことですが、これが可能なのかどうか。そのために朝鮮戦争と同じようなことを繰り返すのかという、こういう議論もあります。いずれにせよ、僕は内戦の時代に生まれたわけです。日本でも、この熊本は明治維新のときに最大の内戦、**西南戦争**が起きました。内戦は英語でシビルウォー（civil war）と言いますね。じゃあ、皆さんに聞いてみたいのですが、たとえばアメリカの**南北戦争**はどちらが先に攻撃したでしょう。こ

西南戦争　1877年（明治10年）、現在の熊本県、大分県、宮崎県、鹿児島県で起こった、最大にして最後の士族の反乱。盟主・西郷隆盛の切腹により、政府軍の勝利に終わる。双方の犠牲者は1万3000人に上るとされる。

南北戦争　1861年から65年にかけて起こったアメリカの内戦。国の貿易制度や奴隷制度をめぐり、北部のアメリカ合衆国と、合衆国から分離した南部のアメリカ連合国の間で行われ、北部が勝利した。近代的総力戦となり、南北の戦死者は60万人を超えた。

れはたぶん、アメリカ人に聞いてもわからないと思う。でも戦争は起きた。つまり内戦というものは、どちらが悪いのかいいのかではなくて、起こるべくして起こるわけ。で、熊本もその場所になった。そして私も内戦の時代に生まれたわけですね。

ですから私の父や母たちは、今で言えば難民状態だった。皆さんは難民と言うと、大変だなと思うでしょう。国を捨てて外国に行き、行った先の国の多くの人からは歓迎されない。私もそういう状況にある父と母のもとに生まれましたから、どうしても自分自身に対して肯定的なイメージが持てませんでした。そしてその時代、今から約70年近く前は、アジアは貧しい、遅れている、そういう存在だということがイメージ化されていました。英語で言うとバックワード（backward）、後進性と言うか、遅れている、停滞している。そしてなんとなくハイカラではない。ダサいと言うか、まあ、こういう言葉、今は使っちゃだめなんでしょうけど。とにかくそうした遅れたアジアの中で、いわば難民として生まれたということで、どうしても自分の中に肯定的なアイデンティティができなかったわけです。

肯定的なアイデンティティが持てない

皆さんは、それぞれの国でどんな育ち方をしたのか。どんなふうに学んで、今日に至ったのか。それぞれの歴史がありますね。自分は自分ではあるけれど、同時に日本国民の一人である、あるいは自分は中国人の一人であるというアイデンティティを持ちます。それはおそらく肯定的なものだと思います。ところが、僕はそういう肯定的なイメージが持てなかった。なぜならば、アジアのみすぼらしい代表者のように自分自身を思い込んでいたからです。

確かに当時のアジアは貧しかったんです。戦争のあとでしたから、日本も貧しかった。しかし、大体10年くらいたつと、**「もはや戦後ではない」**という経済白書が出て、日本は戦前と同じような経済的水準を回復できたわけです。そして、1964年の東京オリンピックがあった。皆さん、どうですか。1945年8月15日が終戦の日でしょ？　そこからわずか20年で東京オリンピックがあるなんていうことを、あの時代、想像した人は一人もいなかった。それくらい日本は大変な勢いで経済成長を遂げていくわけです。そんなに成長した国は、アジアの中で日本以外

「もはや戦後ではない」　1956年度（昭和31年度）に発表された経済白書に書かれた言葉で、当時の流行語にもなった。本来は、戦後の成長を支えた復興需要の衰退を見越して今後の成長を厳しくとらえた言葉だったが、その見通しとは逆に、日本は高度成長の時代に入っていった。

に見いだせません。日本だけが断トツの経済成長を遂げていった。ですから、当時の韓国も貧しかったですし、中国も文化大革命がありましたし、東南アジアもさまざまな軍政があって、インドネシアもそうでした。60年代は**ベトナム戦争**もあり、ベトナム人だけで３００万もの人が命を落とした。米兵も、詳しくはわかりませんが5万数千人は亡くなっている。朝鮮戦争も、いろいろなカウントの仕方がありますが、最大では２５０万人くらいともいわれています。

　アジアは遅れているというネガティブなイメージ、またその中でも成長著しい日本と、自分の父母やファミリーとの歴史のギャップ、そういうものを抱え込んだ私は、自分のアイデンティティと向き合わざるをえませんでした。

ベトナム戦争　１９５5年、当時南北に分断されていたベトナムで、社会主義陣営の北ベトナム（ベトナム民主共和国）と、アメリカの傀儡《かいらい》である資本主義陣営の南ベトナム（ベトナム共和国）との間で起こった戦争。アメリカ軍の撤退後、75年に北ベトナムの勝利で終わる。

国が成長できない原因は何か

さあ、ここからは私が自分のアイデンティティとどう向き合っていったのかという話になります。まず一つは、大学に入り、アジアはなぜ経済成長できないんだろう、なぜ近代化できないんだろう、どこに原因があるんだろうと考えていたわけです。そして、その原因の一つを教えてくれるようなセオリーと言うか、考え方に出会いました。

それは、ひとことで言うと文化に問題がある、国民の文化に問題があるという説です。皆さん、どうだろう。なぜイスラームの世界から、私たちの言う資本主義というものが生まれてこなかったんだろう。なぜキリスト教の、しかも、どちらかと言うとプロテスタンティズムの国から資本主義というものは産声を上げたんだろう。キリスト教とイスラームを比較すると、イスラームには経済成長や近代化を阻む要因があるんじゃないか。そういうふうに断定する人がいたわけです。

こうなると、人間の信仰にかかわる問題でしょ？　人間の信仰にかかわる問題だと、人間を変えないと近代化できないということになる。でもこれは、今から思えば明らかに誤りです。

しかし、文化というものが持っている人間を動かす力が、ある国では、より近代化や経済成長や発展する方向にモチベーションをつくり出すけれど、逆に、ほかの宗教や文化ではそれを阻んで、結局、貧しい状態に置かれる、と。このような比較文化論が、私が大学に入ったときには、はやっていたわけ。で、そう考えると、文化を変えなきゃいけない、場合によっては、宗教的なものを変えなきゃいけない、自分たちのライフスタイルを変えなきゃいけない。こういうふうになってくるわけですね。

でも、私は、どこか違うんじゃないか、本当にそうなんだろうかと思うようになりました。たとえば韓国のように内戦が起きていれば、３年間にわたって同族同士でケンカをするわけですし、ベトナム戦争もそうですが、そういう国は経済成長や平和な発展どころではないわけですね。アメリカだって南北戦争というシビルウォーを経験して、その後、変わっていったわけでしょ。そうすると、文化によって人が貧しくなるのか、豊かになるのかという、文化決定論ではないんじゃないか。それぞれの文化には、じつはさまざまな潜在的な可能性があって、それが全面開花しないのは、政治的な出来事や、侵略や、戦争や、内乱や、あるいは自然災害や、こういうものがあるからではないのか。ある国はよりよく成長し、ある国はそうではない、その差は文化にあるわけではない。そう考えるようになったわけですね。それは外部的な要因、政治や社会や国をとり巻く環境によって変わっていく。こういう考え方を私自身も持つようになったわけです。

両親の国、韓国の地を初めて踏む

そのように考えが変わるきっかけとなった要因の一つは、1972年、22歳のときに韓国に行ったことです。私はこのときに初めて、自分の父親と母親の国を訪れ、1カ月間留学しました。2025年は日本と韓国が戦後国交を結んで60年になります。国交正常化して7年後の当時、韓国は貧しかった。一人あたりのGDPは、1000ドルになっているか、なっていないかです。今の韓国の一人あたりの国内総生産、これは日本を少し追い抜いたくらいでしょうか。台湾も大体同じくらいのレベルに達している。ですから、4万ドルに近いでしょう。でも、当時はまったく違っていた。私がソウルに行ったときは、ストリートチルドレンがいっぱいいました。今のソウルを訪れた人や、K-POPやBTSを知っている人であれば、皆さん信じられないと思いますが、アスファルトもほぼなくて、いたるところにストリートチルドレンがいる。そういう光景を見たときに、日本との違いがあまりにも激しくて、一瞬、僕はめまいを感じるほどでした。

（日韓）国交正常化
1965年（昭和40年）6月22日、日本と大韓民国との間で基本関係に関する条約（通称・日韓基本条約）が結ばれ、国交が正常化した。

1972年、1カ月間の留学のために初めてソウルの地を踏んだ
（真ん中が姜さん）。

韓国から日本に戻り、自分はこれからどうしたらいいんだろうかといろいろ考えた末に思い至ったのは、やはり決定論、つまりアジアはもともと貧しいんだ、欧米はもともと豊かなんだというのは正しいのか、そうではないだろうということです。

アヘン戦争が起きる20年前の1820年代で、世界のGDPの割合を計算した人によると、アジアは6割以上を占めています。さらに100年前にさかのぼると、7割以上をアジアが占めていた。中国とか、インドとか、東南アジアとか。当時は人口の多さと比例していたんですね。これが19世紀から20世紀には大きく変わり、アメリカ合衆国1国で世界のGDPの25%からそれ以上を占めるようになった。欧米列強の割合が上がりました。

でも今は違うでしょ？　中国が今18％から19％くらい、インドも９％くらいと大きく伸びている。だんだんとアジアが19世紀以前のＧＤＰの割合へと復帰しつつあるわけですね。今のアジアは、ちょうど19世紀以前のアジアに戻りつつある。少なくともＧＤＰだけで見れば。

つまり、アジアは頑張れば成長もできるし、発展もできるということを今、実証しているわけですね。文化や、宗教や、アジアに固有の何かがあって、それが桎梏《しっこく》、つまり制約となって発展できないのではなく、発展しようと思えばできる力を持っている。潜在的な能力があるということです。

潜在的な能力、英語ではケイパビリティ（capability）と言いますね。**アマルティア・セン**という開発経済論の学者がいますが、彼はケイパビリティは教育によって全面開花すると言っています。教育の機会を貧し

アマルティア・セン
1933年生まれ。インドの経済学者。アジア人として初のノーベル経済学賞を受賞。著書に『貧困の克服―アジア発展の鍵は何か』『不平等の再検討―潜在能力と自由』など。

い国や、いわば途上国に与えれば、ケイパビリティは全面開花する。私もそのように信じられるようになっていきました。

西ドイツへの留学

もう一つ私を変えた出来事は、1979年に旧西ドイツに留学したことです。英語よりは比較的ドイツ語のほうができたという理由もありますが、やはり私は西ドイツという国を知りたかった。東西両ドイツ。それは南北という、北と南に分かれる分断国家と通じるものがあります。そこに留学することになりました。ニュルンベルクに近いエアランゲンというところです。

どちらも旧西ドイツのエアランゲン大学に留学していたとき。

ところで、私はモスクワ経由でドイツに入りました。１９７９年ですから、翌年には**モスクワオリンピック**が控えていました。モスクワのインターナショナルエアポートで数時間過ごしたのですが、トイレに入って驚いたんです。皆さん、トイレットペーパーを使わない人はいないよね。新聞紙を使う人もいないと思う。われわれの若いときは新聞紙を使っていました。トイレットペーパーが高かったから。で、モスクワオリンピックを目前にしたエアポートのトイレの紙が、ごわごわだったんです。これから世界に向かってお披露目をするトイレの紙がごわごわだということは、一般の人の生活はどうなっているのか。わかるでしょ？　私は、ソビエトは崩壊すると思いました。１９７９年にそう思ったんです。先見の明があった。自分で言うのもなんだけどね。トイレットペーパーから**ソビエト崩壊**を予測した人は、そういなかったんじゃないかと

モスクワオリンピック　1980年開催。共産圏で初めて開催される大会だったが、前年に始まったソ連によるアフガニスタン侵攻を非難する西側諸国のボイコットが相次ぎ、日本もボイコットした。

ソビエト崩壊　1922年に建国されたソビエト社会主義共和国連邦（ソ連）は、91年12月25日、当時の最高指導者であったミハイル・ゴルバチョフの辞任とともに解体された。

思いますよ。それでね、やはり91年にソビエトは崩壊しました。そしてベルリンの壁も、僕が西ドイツを訪れた10年後、1989年に崩壊しています。

さて、私が西ドイツに留学した1979年、何が起きたかというと、**イラン革命**です。今日この場にもイスラーム教徒のかたがいるかもしれません。イスラームとひと口に言っても、西アジアのイスラームと、東アジア、東南アジアのイスラームはかなり違います。そうしたこともあってイラン革命が起きた。

皆さんはイランという国にどのようなイメージを持つでしょうか。よくわからないって言う人も多いでしょう。『インディ・ジョーンズ』と

イラン革命　1979年2月、イスラーム教シーア派の最高指導者・ホメイニーが率いるイスラーム原理主義勢力が、アメリカの支援を受けたパフラヴィー朝を倒し、イラン・イスラム共和国を樹立した革命。同年、アメリカ大使館占拠事件が起こり、アメリカとイランは国交を断絶する。

いうアメリカのハリウッド映画を見ると、ハリソン・フォード扮する主人公が、アラビアの何か悪い人をこてんぱんにやっつけるでしょ？　ああいうイメージを持つ人もいるかもしれない。悪だくみをしているような。

私自身はその当時、イランとイラクの区別もつかなかった。イランは**アラブ**ではないわけですね。**ペルシャ**、それもわからなかった。私の周りにもそういう人が多かったと思います。学生寮でイランから来た留学生と一緒になって初めて、私はイスラームという世界にふれたわけです。なんと自分が勉強していない愚かな人間だったんだろうと思いました。ヨーロッパのことはある程度わかっていた。それなのに、最もアジアに近いイスラームについて何も教わってこなかった。それが悔しかったんですね。そして、いろいろと教えられました。

アラブ　アラビア半島を原住地とし、セム語派のアラビア語を母語とする人々。主にアラビア半島、北アフリカ、レバント地域（シリア、レバノン、ヨルダン、パレスチナなど）に住み、イスラーム教のスンニ派が多い。

ペルシャ　インド＝ヨーロッパ語系のペルシャ語（ファルシ語）を母語とする人々。主にイランに住み、イスラーム教シーア派が多い。

また、西ドイツでは、イランやイラクの人のほか、ベトナムやアルジェリア、ユーゴスラビアなどさまざまな人に出会いました。そこで初めて、自分と同様のマイノリティは世界中にたくさんいるのだということに気づきました。

こうしたことを通して、アジアについて見る目が広がっていった気がします。

エドワード・サイードの『オリエンタリズム』

その頃、アメリカでエドワード・サイードという人の『オリエンタリズム』という本が出版されていました。エドワード・サイードはパレス

エドワード・サイード
1935〜2003年。パレスチナ系アメリカ人の文学研究者、文学批評家。文学研究の枠を超え、政治思想、文化論、ポストコロニアル研究に多大な影響を与えた。主著に『オリエンタリズム』『パレスチナとは何か』など。

チナ系アメリカ人で、アメリカ国籍を持ち、プリンストン大学卒業、コロンビア大学英文学・比較文学の教授です。

オリエンタリズム。それは、ヨーロッパがつくり出したアジアのイメージで、皆さんはハリウッド映画の中でしこたま見たと思うんだ。とにかくいかがわしいというイメージとか。ひげを生やして、場合によっては頭にターバンを巻いた人たち。それがよく出てきます。これはアジアを描《えが》くときの典型として、ハリウッドのイメージがあるわけですね。このイメージによって、日本の俳優さんでもずいぶん苦労した人もいるでしょう。

そういうイメージがなぜでき上がるのか。私たちは、ある国、ある場所、ある地方にはとてもなじみがあって、違うある国、ある国民、ある場所については、なんとなくやばいと思っている。そういうことがありませんか。つまり何かイメージを持って世界地図を見ているはずです。パリやロンドン、ベルリン、ローマ、ニューヨークやロスに持っているイメージと、それこそピョンヤンや、あるいは中央アジアのウズベキスタンや、カザフスタンの首都、またテヘラン、バグダッドに対して持つイメージは全然違うのではないかな。皆さんの中に、何かしらイメージがあるからです。そして肌の色についても持つイメージが違うはず。そうではないですか。そういうふうにわれわれはできている。それは、メディア、本や新聞や、あるいは人、学校などで言い伝えられたこと、そういうものが自分の中に、あるイマジネーションの世界をつくり出すからです。

地理という概念は、客観的な概念ではない。私たちは、ある社会に生きるときに、その社会の中のメディアやさまざまなものに影響され、自らイマジネーションをつくり出しています。そしてそれを通してしか、われわれは世界を見られなくなっているわけです。

私たちは、自分になじみ深い場所と、自分たちの空間の外に広がるなじみのない場所を区別します。それをサイードは「心象地理」と呼びました。ヨーロッパの人々は、自分の知らない世界、つまりアジアをとり込んでいくにあたって、広大で多様な地域をひとまとめにしてイメージをつくった。それがオリエンタリズムだ、と。まあ、こういうようなことです。

皆さん、どうだろう。たとえばニューヨークを歩いていて、日本の人が中国の人と間違えられて、新型コロナウイルスが流行したときには突然、殴られたり、暴行に遭ったりという事件がありましたね。アメリカの人から見れば、オリエンタル、つまり中国人であれ、韓国人であれ、日本人であれ、区別がつかない。でも日本人の立場からすると、自分はなんで中国人に間違えられたんだろうと思います。

これと同じようなことが、じつは100年以上前にもありました。熊本は夏目漱石のゆかりの場所ですね。漱石の日記、1901年の日記を読みますと、彼もそういうことに遭遇していたことがわかります。当時は中国を差別的な言葉で支那と言っていました。中国人と言わずに、支那人と呼んでいた。漱石がロンドンにいたときに、周りの日本人の中に、支那人と間違えられて立腹している人がいたというんです。

夏目漱石 1867〜1916年。明治末期から大正初期にかけて活躍した日本の小説家、英文学者。代表作に『吾輩は猫である』『坊っちゃん』『三四郎』『それから』『こゝろ』『明暗』など。

これについて、漱石はいかがなものかと疑問を呈しています。日本は中国からたくさんの恩恵を受けてきた。しかし今の中国は、いろんな理由があって羽振りがよくない。でも、自分たちが今、威勢がいいからといって、落ちこぼれている中国をあざ笑うようなことは、これは人間が断じてやってはいけないことだ、と。恥ずべきことだと日記に書いています。

話が少し飛びましたが、いずれにせよ、ヨーロッパからアジアを見ている限り、イマジネーションの世界は終わらない。アジアからアジアを見て、アジアがアジアを語ることが必要なわけです。

向こう岸から自分の国を見る

また、私は留学する際に何冊かの本を持っていきましたが、そのうちの1冊は**ゲルツェン**の『向こう岸から』という本でした。この人は、19世紀に活躍したロシア人ですけど、向こう岸から見たとき、つまりヨーロッパから見たとき、ロシアはどう見えるんだろうか、逆にロシアからヨーロッパを見たとき、どう見えるんだろうか、これを考えた人です。

やはり私たちは、アジアについて語るときに、アジアの中からアジアを見る、そして、向こう岸からもう一回アジアを見る、こういう視点が

ゲルツェン（アレクサンドル・ゲルツェン）
1812〜70年。近代ロシアを代表する哲学者、作家。ロシア初の政治的亡命者。主著に『ロシアの革命思想』『向こう岸から』など。

重要なのではないかと思うんです。そうすることで、他者の目に自分たちの文化と社会がどう映っているのかがわかってくるはずです。それはまた、自分たちの文化と社会の新たな発見につながるはずです。

西ドイツ留学を経て、私はやがて、向こう岸から自分たちを見られるようになりました。皆さん、どうだろう。自分を見るときに、あるいは自分が属している国や社会を見るときに、向こう岸から見ることができるか。大きい川が流れていて、いつも見る光景は、こちら側から見た世界。しかし、向こう岸からこちらを見たときにどう見えるんだろうか。これは「相対化」ということですね。

今、私の七十数年に及ぶ遍歴の中で、やっとアジアは、世界のかなり大きな歴史を動かしていくダイナモになりつつある。エネルギーに満ちた震源地になりつつあります。今こそ、いわゆる極東とか、近東とか、中東という、ヨーロッパから見たアジアではなくて、アジアがアジアを見てどう考えるか、こういう時代にきたんではないかと思っています。その点で、私が抱えてきたアイデンティティクライシス、心の中にずっとあったものが、今はなくなりました。

私自身は熊本が大好きだし、熊本にやっぱり骨を埋《うず》めたいと思っています。ここが私のふるさとですね。ドイツ語でハイマート、英語でホームランドというのは、自分が生きている場所なんです。留学生の中にも、もしかしたら熊本が自分のハイマートになる人がいるかもしれない。

今、私たちは、国境を超えていろいろな人と交じり合える。そういう時代がきている。これは、今から50年前には考えられなかったことでした。

ここまでは、私が自分のアイデンティティと向き合いながら、アジアをどう見てきたか、それをお話ししてきました。これで、まず講義の前半を終えたいと思うんですね。よろしいですか。私のほうから一方的に話をすることが続いたので、少し休みをとって、そのあとに皆さんから質問を受けることにしましょう。

〈講義前のロケより①〉

生まれ育った場所 万日山を訪ねて

聞き手 番組ディレクター／野溝友也

Q 熊本駅から北西に歩いて20分ほどのところにある万日山に来ました。今、万日山を少し登ってきましたが、姜さん、このあたりのことを少し紹介していただけますか。

姜 はい、この山のふもとに在日の人たちの集落があったんですね。僕が生まれたのもその集落です。隣の花岡山は熊本バンド結成の地として有名ですが、万日山は復興の歩みからとり残されたような地域で、粗末なバラックばかりの集落に、当時100世帯以上の在日の人たちが生活を共にしていました。今は大きな高速道路が通って、もうほとんどわからなくなりましたね。

今いるこの道は、その集落からちょっと上に行ったところで、大人も子どももなかなか足を踏み入れなかった場所です。戦争中、この万日山にはさまざまな防空壕もありましたし、軍との関係も強かったと思います。僕の父親、母親たち、あの当時、行き場を失った在日の人たちが集まっていました。

熊本民謡の『おてもやん』に「春日ぼうぶらどん達ァ」っていう歌詞が出てきますが、僕が生まれたこの山のふもとは、確かその春日の4丁目だったと思います。

Q ご両親がこちらに来たいきさつはどうだったのでしょう。

姜　戦争中、朝鮮半島は日本の一部になっていて、たくさんの在日の人がいました。私の父親と母親は、最初は東京、それから名古屋の大きな財閥系の軍需工場で働いていたんですね。ところが名古屋が大空襲になり、そして熊本に来ました。熊本市内に健軍というところがあるのですが、そこで父親の弟、私の叔父にあたる人が憲兵をしていたんです。在日でありながら憲兵になったのは非常に珍しい例です。で、そういうこともあって、父親、母親

は、自分の弟に挨拶をして、それで自分の国に帰ろうとしたんです。もうたぶん敗戦になるんじゃないかという頃ですね。

実際に敗戦になり、どうするかということになって、叔父だけ韓国に様子を見に行った。父親と母親はここに残ったんです。ちょうど僕の兄が生まれていたこともあって。それで叔父を待っていたら、韓国で朝鮮戦争が起きて、叔父は日本に戻れなくなっちゃった。それで戦争が起きたということもあり、本国に帰らないようにという連絡があったみたいです。それで、ここに居着くことになった。

Q 当時の思い出にはどんなものがありますか。

姜 自分で言うのもなんなのですが、僕は大人たちにかわいがられました。ちょうどマスコットボーイみたいにね。

当時の大人たちは、男も女も、やはり本当に生きていくのがつらかったと思います。いろんなトラブルもありましたし、なかなか生業《なりわい》が成り立たない。それでも彼らはときどき宴《うたげ》を設けたり、それから仕事の合間によく歌を歌ったりしていた。そういうのが僕の耳に残っています。残念なことに生業が成り立たなかったために、当時は法律的に問題の多い仕事をやらざるをえなかった。そういう大人たちのため息というか、笑い声も含めて、何か僕の中にやはり残っているんですね。

ですから、やっぱり僕の原点はここにあるといつも思います。だから70代になって、自分の一つの原点に一度戻ろうと思ったんです。自己回帰と言うか。僕にとってふるさとは、韓国でもないですし、父親、母親のふるさとでもなくて、やっぱり熊本なんですね。この場所が私のふるさとです。そういう気持ちがあって、これから長くこの地で生きていこうということで、熊本にすみかを設けたわけです。

もちろん周りは大きく変わりました。僕自身には過去の記憶しかないのにね。それでときどきちょっと寂しい気持ちになることもありますが、違う変化もあります。当時、朝鮮半島、韓国から来た人たちは、貧しいアジアの代名詞だったわけですね。多くの日本の人たちがアジアというのを連想するときに最も手短な存在だった。でも、そういうイメージが変わりましたよね。今、韓国からもたくさんのツーリストが来るし、若者たちは、もう韓国文化に何の気兼ねもなく入っていきますし。60年以上たって時代は変わったなあという、そういう感慨はありますね。

Q 姜さんがふるさとを思うときのお気持ちはどんなものですか。

姜　楽しい思い出もありますけど、やっぱりね、ときどき熊本市内や自分の思い出の場所を歩いても、まず、そこがどこだったのか、かつての記憶の原型がね、もうなくなっていたりしますから、まあ、言ってみればエトランゼと言うか。ただ、それは仕方のないことだと思います。時代というものは、そういうものだから。

ただ、われわれが貧しいアジアを代表しているような、そういう時代が終わった。そして、アジアというのが、日本も含めて、世界的に非常に大きな変化の震源地になっている。この六十数年で、考えもしなかったような地殻変動が起きたんだと思います。そういうことをよかったなと思う半面、自分を育ててくれた人がもういませんから、寂寥感《せきりょうかん》、寂しさもあります。でも、時代の変化っていうのは、そういうものかもしれない。

〈講義前のロケより②〉

故郷への帰還

Q 2023年に、ふるさとである熊本に70歳を過ぎて戻られたのですよね。その理由を少し詳しくお聞かせいただけますか。

姜 帰巣本能というのもあるのかもしれないのですが、父親、母親を含めてさまざまなゆかりの人がいなくなり、自分自身が一体どこに着地点を設けるべきなのか。自分のアイデンティティみたいなものですよね。それを考えたときにやっぱり、いつもこの万日山に戻ってしまうんです。5~6歳のときのことだから、じつは記憶も曖昧なはずなのに。ああ、やっぱり熊本で育ったそのときが、自分の原点なんだと思うんです。

それはどうしてなんだろうと考えると、たぶん、いろんな虚飾をはいでみて、自分が大人たちから守られていた時代、その環境に懐かしさみたいなものが募るんですね。上京して東京周辺に住んだ頃の記憶はほとんど出てこないんです。自分の原点は大都会ではなく、やっぱり熊本なんだな、と。もちろん熊本は大きく変わって、政令指定都市にもなりましたし、市内を見ても都会ですが、それでも僕にとっては思い出の場所で、やっぱり自分の終《つい》のすみかを持ちたいという気持ちになって、それで今回思いきって、こちらに住むことにしたんです。

Q アイデンティティのお話を今されましたが、姜さんは少年期、青年期とアイデンティティクライシスを経験されています。そういう経験をされたのも、まさにこの熊本という地であったわけですよね。その地で、最終的にアイデンティティを見つけられたということになりますか。

姜 まさにおっしゃるとおり、ある種の逆説のようですね。私にとって熊本は、若いときには二律背反でした。つまり、ここで生まれて育って、みんなから助けられた。しかしながら一方で、熊本は軍都でしたから、やはり在日の人にとっては厳しい環境であった。父親、母親の歴史を見てきたので、なかなか折り合いもつけられませんでした。ただ、数十年がたち、熊本と、そういう歴史とも和解をして、そして熊本のために自分が何かすることが、自分のミッションではないかなと思うようになりました。それは、父親と母親が、世界広しと言えども、熊本が一番いいと言っていたんですね。こんないいとこなかばい、と。そんな遺言を残したので、私もやっぱりそれを受け継ぎたいと思うんです。

ふるさとっていうのは、必ずしも自分が生まれた場所だけではなくて、やっぱり自分の思いがある場所だと思うんですね。父親、母親は在日一世ですけど、彼らにとっては、やはり自分が生活する場所がふるさとだった。私のような人間は、生半可に知識を持ってしまったがゆえに、観念的に人間をとらえたり、歴史をとらえたりしていたと思います。でも、自分がある年齢に達してやっと、父親、母親たちがここに、落地成根《らくちせいこん》と言うのか、ここに根を張っていった、そのことの意味がよくわかるようになりました。

また熊本はそういう僕を、大きく、こう、抱きかかえてくれる。そういう包容力のある場所で、そうしたふるさとというものを持っているということは、僕にとっては幸せなことじゃないかなと思う。自分は幸せな着地点を今、見つけ出したんじゃないかなと思っています。熊本の地で最後には自分が父母と同じところに眠るにしても、それまでは、自分の考えているアジアの中の日本、そして日本と韓国、日本とアジアとの橋渡しをしたい。ささやかながら、そういうふうに思っていますね。

Q 文字どおり、この地に骨を埋めるというお気持ちですか。

姜 そうですね。僕は父親、母親からすると在日2代目になりますけど、たぶんそういう人たちが過去にたくさんいると思うんです。外から日本列島に来た人がいて、それでこの日本はより豊かになっていったんだと思います。僕もそういう群像の中の一人に過ぎない。そうした大きな大河のような流れの中に自分も在るという意識が強くなると、勇気を与えられる気がしますね。ただ老害の身でここに来ましたっていうんじゃなくてね。自分のミッションに向かう勇気を与えられる感じです。

Q 姜さんは今、熊本県立劇場館長を務めていらっしゃいますよね。これまでアカデミズムの世界にいらした姜さんが、劇場の館長を打診されたときはいかがでしたか。

姜 正直言って驚きましたね。ただ、もともと前熊本県知事の蒲島郁夫さんに声をかけられて、熊本県の未来会議に何度か出席していたんです。それで蒲島さんの考え方に共鳴するところがありました。それは、九州を一つにしたい、と。州都構想というのを一時期、本当に考えていらっしゃったんです。それで、この万日山に、州都のいろんな施設を考えていらっしゃったと思います。それを聞いたとき、僕はいたく感動しました。自分の原風景である場所が、今度は九州の州都になり、そしてそれがアジアと関係を持っていくっていうことですから。何かこう歴史のめぐり合わせみたいなものを感じました。

ですから蒲島さんから劇場の館長を打診されて、じゃあこの劇場で自分のこれからを過ごしてみようと思った。その中で考えていたのはシアター・アジアということでした。大学であれば、**キャンパス・アジア**という形で、日本、韓国、中国の3カ国の関係をつくっていくようなプロジェクトがあるんですが、残念ながら、アートの世界ではまだそういうものがありません。ですから私は、この熊本でシアター・アジアというプロジェクトを立てて、台湾や、韓国や、中国や、東南アジアの国々と、その劇場間の交流を深めていけないかと考えたわけです。さまざまな文化を担っていく人と人とが同じ目線で出会える、そういう場所をつ

キャンパス・アジア
日中韓を軸とした東アジア地域における大学間の人的交流を主とする教育政策。2011年に始まり、現在はASEANの国も含めた形（キャンパス・アジア・プラス）へと発展している。

くっていければ、劇場の大きな役割になるんじゃないか、と。

今、やっと日本は、アジアの中の日本というのを意識して、そして平場でアジアのいろんな人々とお互いに話ができる、そういう時代がやっときたと思います。その点では、僕は時代の流れに恵まれたのかもしれません。劇場の館長という要職を全うしながら、日本とアジアの橋渡しというミッションを果たしていきたいと思います。

第2章

質疑応答①

アイデンティティクライシスをどう乗り越えた？

◎大学生／マレーシア（21歳）

先ほど姜さんは、アイデンティティクライシスがあったとおっしゃっていたと思うんですけど、これはどういった思考プロセスでクライシスだと思っていましたか。また、アイデンティティクライシスが姜さんの中で解決したと私は理解したんですけど、どうやって解決したと気づいたのでしょうか。

姜　ああ、非常に重要なことを指摘してくれました。このことについて、もう少し詳しくお話ししましょう。アイデンティティクライシスというのは、よく使われる言葉ですね。アイデンティティは、日本語に訳すと「自己同一性」。自分は自分であるということですね。人はある場所に、父親、母親、あるいはその先祖の子孫として生まれ、多くの場合は、父親、母親という家族を通じてそこの文化を学んでいくわけですね。そしてそこから自我が形成されていく。

そのアイデンティティのクライシスがなぜ起きるのか。たとえば、先ほども例に挙げた夏目漱石という人がいます。彼は生まれてすぐ、慶応3年なんですけども、父親と母親に疎まれて、じつは養子、里子に出されるんですね。年をとって生まれた子どもだから、お母さん、お父さんが恥ずかしいと思ったという。それで彼は、ある年齢に達するまで自分の父親と母親が誰であるのかを知らなかった。あるとき、初めて自分の父親と母親を知り、それまでの自分のアイデンティティが崩れていくわけです。本当はこうだったんだ、と。

それと同じように、私の場合はこの熊本で生まれましたが、父親と母親は別の国から来た人であった。その両者の文化、これが一致しないんです。僕にとってのマザータング、母国語は日本語です。そうすると、自分の国の言語を外国語として学ばなければいけない。これはたぶんね、中国残留孤児とか、それから、おそらくダブル、ハーフという境遇にある人には往々にして起こりがちなことですね。

違った例で言うと、20年ほど前に私はNHKと一緒にフランスで若者が暴動を起こしたときの取材をしたことがあるんですね。その10代の若者が、なぜ9000台近くの車を焼いたのか。そのほとんどが、フランン

中国残留孤児　第2次世界大戦における日本敗戦時（1945年）に中国にとり残され、中国人養父母に育てられた日本人の子どもたちのこと。日本政府は約2800人を認定しているが、正確な人数は不明。

スの旧植民地から来た親の子どもたちでした。しゃべる言葉はフランス語しか知らない。しかし、彼らは名前からアラブ系だとすぐわかりますから、フランスの人たちから、差別的なスラングのブル（beur）や、ビコ（bicots）といった表現で呼ばれるわけですね。そして、さまざまな差別にあったりする。

また、フランス語でバンリュー（banlieue）と言うと、本来は郊外という意味ですが、大都市郊外の移民が多い貧しい公営住宅地帯をさすことが多い。パリ郊外にもそうした移民系の人たちが住むスラムのような場所があって、そこで取材をしたときには、13歳の男の子が泣きながら、僕にね、自分はフランス語しかしゃべれないのに、また、フランスが大好きなのに、フランスの社会からいやがられる。自分はどこに行けばいいの？と言うんです。

いろいろな例を挙げましたが、多くの人は、自分の国はここだ、そして父母から受け継いだ文化はこれだというように自己同一化し、安らぎを得ます。ところが自分の住んでいる場所が、自分の父母と違う文化を持っていたりするときには、それがなかなかできない。

それをどうやって受け入れていくか。一つには、生まれ育った国と父母の祖国、両方を持っているじゃないか、ハーフというよりはダブルだ、と考える人もいます。ただ私の場合は、それだけではなかったですね。日本とも韓国とも違う、第三の場所に行ったことが大きかった。それはたまたまヨーロッパでした。ヨーロッパで、ベトナムの人やイランの人、イラクの人、アルジェリアの人、あるいはユーゴスラビアの人と出会って、そこで初めて、自分と同じようなマイノリティは、世界にごろごろいるんだとわかってきました。そういう人たちの生き方というものには、やはりさまざまな軋轢《あつれき》があるのですが、そこにシンパシー、共感がありました。

そこから、やがてね、ナショナリティ、国民とか、国家とか、国籍とか、そこだけが自分のよりどころではない生き方があるのではないかと考えるようになった。

皆さんはたぶんね、国籍がなければ、この世界では生きていけないと思うんですよ。無国籍者ほど怖いものはない。国籍がなければ世界が「球形の荒野」になってしまう。これは松本清張という人の小説の中に出てくるのですが、無国籍になったある外交官の悲しみを、清張はそう表現しました。やっぱり国民国家のどこかに属す必要がある。ただ、もう一つ、人と違うものを持っているということは、ダイバーシティに通じる。みんな同じのほうが安全なように思えるかもしれませんが、それは違うんですね。ダイバーシティ、多様性があったほうが、より安全な社会になるんです。それは、多様な見方ができるから。

そう考えていくと、自分がだんだんと、日本か韓国か、どちらかを選ばなければいけないという考え方から脱却できていったっていうのかな。僕のアイデンティティクライシスが解決したのは、そんないきさつですね。

なぜ戦争は起こるのでしょうか？

◎高校生／日本（18歳）

日頃ニュースなどを見る中で、本当に素朴な疑問なんですけど、どうして戦争って起きるのかなっていう疑問があるんです。僕は友だちと遊んだりとか、ご飯を食べたりとか、勉強したりするっていう、そういう最低限の生活ができればいいなと思っていて、だから、みんながそういう考えだったら、そもそも物の奪い合いや命の奪い合いがなくなると思うのに、どうして世界各地で戦争や紛争という人と人との対立が起きるのか。それが疑問なんです。

姜　これは、素晴らしい質問であると同時に、非常に難しい質問です。今現在、さまざまな戦争が起こっています。その多くがアジアと無関係ではない。パレスチナは、ユーラシア大陸の中の西アジアという領域に一応入ると思うんですよ。それからウクライナも、東欧圏でありながら北アジアに近い。また熊本にとって今、大変身近になっている台湾をめぐる問題もあります。

皆さんも、なんでこんなに戦争が起きるんだろうと思っていると思うんですね。もっと平和な時代、もっとみんなが楽しく過ごしながら、自分の未来を考えていく時代がくるはずだと思っていると思うんです。私もそう思っていました。

先ほど申し上げたように、自分は朝鮮戦争の年に生まれましたから、自分が目を閉じるときは戦争が終わってほしいと思ってきました。「休戦」っていうことは「撃ち方やめ」の状態で、まだ戦争は終わっていない。いわば凍結状態なわけです。ウクライナとロシアの戦争もあと何年続くのか、凍結されるのか、韓国と北朝鮮のように分断されるのか。なぜ人間はこんなに愚かしいのだろうと、ときどき私もため息が出るときがあります。でも、戦争はなくならない。なぜ人と人は殺し合うのか。そう思う半面、自分たちの住んでいる場所はそうでなくてよかったという思いもあると思います。この近くのアミュプラザに行けば、戦争とは一切関係のない、楽しいショッピングもできるし。平和はなんていいんだろうと思うはずですよね。

でも、そういう自分たちの世界と、今、非常に大変な状態にある世界とは、やっぱりつながっている。同時代をわれわれは生きているわけですから。どうしたらいいのかっていうのは、これはたぶん、この「最後の講義」の最終目標だと思います。彼が今、質問してくれたことを考えていくことがね。ですから、この後の後半では、それを考える一助になるようなヒントを少し皆さんにお話しして、一緒に考えていければと思います。お二人とも質問をありがとう。よろしいですかね。

第3章

国を通じて人を見ず、人を通じて国を見る

人権が叫ばれる時代の大量殺戮

先ほど高校生が質問してくれましたが、戦争はどうして起きるのか、なぜ終わらないのかという問い。これは私の手に負えない、大変な問いかけだと思います。もし皆さんが小学生からそう質問を受けたら、どう答えるでしょうか。そう簡単に答えは出てきませんね。ただ確かなことは、やっぱり戦争はないほうがいい。それなのになぜ歴史上、戦争が起こり続けてきたのか。

皆さんに一つ考えてほしいのですが、皆さんは人権について学校やいろんな場所で学んでいますね。人権、ヒューマンライツはとても重要なことだと教わっていると思います。だから一人ひとりの人権を大切にしましょう、と。これは皆さん、当然だと思うでしょう。

でも、誰もがそう考えている一方で、20世紀という時代の100年で、戦争や、殺戮《さつりく》や、あるいは、少なくとも病気や自然死ではない形で亡くなった人がどれくらいいると思いますか。20世紀、100年の間です。その間には、第1次世界大戦、第2次世界大戦もありました。3000万人くらいだと思う人はどれくらいいるかな。5000万人だと思う人は？　8000万人？　1億人？　はい結構です。

これについては、アメリカの国際政治学者で、カーター政権のときの補佐官だったブレジンスキーという人が概算しています。信憑性《しんぴょうせい》がどれくらいあるかという問題はありますが、それによると1億8000万人

ブレジンスキー（ズビグネフ・ブレジンスキー） 1928～2017年。アメリカで活躍したポーランド出身の政治学者。歴代のアメリカ大統領に深く関与した、著名な外交政策アドバイザーとしても知られる。カーター政権下では国家安全保障問題担当大統領補佐官を務めた。

くらいといわれています。

人権が最も大切にされている時代に、なぜ、これほどのおびただしい数の戦争が起き、殺戮が起きたのか。わずか100年で1億8000万近くの人々が犠牲になった時代に、平然と人権という言葉が大切だとわれわれは教えられているわけ。

これは、大いなる逆説でしょ？　パラドックスですよね。ここに、今の時代を考えていく場合の巨大なる矛盾がある。ただ単に、テクノロジーが進んだ、科学技術が進んだ、それが軍事に転用されるようになった。それだけの理由ではないです。

大きな理由は、20世紀という時代に戦争が総力戦になったということです。総力戦、英語ではトータルウォー（total war）。つまり、一つの

総力戦　軍事力だけでなく、経済力や国民動員力など国家の総力をあげて戦う戦争。戦闘員、非戦闘員の区別なく攻撃が行われ、大きな犠牲を生むことになった。

国のありとあらゆる国民全体が戦争に向けて動員される。そういう体制が第1次世界大戦によってできたんです。これによって戦争のあり方が180度転換しました。それまでの戦争では、戦う人と戦わない人は明確に分かれていた。先ほど西南戦争の話をしましたが、熊本城が焼けたり、官軍と薩軍、田原坂で大変な戦争が起こった。しかし、多くの農民や普通の人は、またやっているなと遠巻きに戦争を見ていたわけです。でも第1次世界大戦以降になると、あらゆる人が、その国に生まれたならば戦争のたびに動員される。兵士にならなくても、銃後の守りという形で工場で働くなど、いろんな形で動員される。すべての国民が、まるごと戦争というところに動員されるわけです。こうしたことは20世紀で初めて起こりました。

そしてそれは、最終的に空前の爆撃につながります。兵士も民間人も区別なく爆撃される。**東京大空襲**がそうでした。東京大空襲だけで10万人が死んだでしょう。ドイツでも**ドレスデン爆撃**がありました。中国でも同様のことが起こり、一般の人も犠牲になりました。

これからの戦争もそうなるでしょう。今、ウクライナやガザで起きている戦争も同じです。

そういう戦争がアジアでもありました。この130年間、東アジアはずっと戦争続きだったんですね。今から130年前、日本はどこの国と戦争しましたか。清国、中国でしょう。清という国は、明を倒した満州族の国で、当時からすると中華ではない、漢民族ではない人たちがつくった国でした。その清との戦争、**日清戦争**です。でも、舞台はどこだったか。それは、中国でもなければ、日本でもなく、朝鮮半島です。朝鮮

東京大空襲　1945年3月10日、アメリカ軍が約300機のB29爆撃機で夜間の東京に無差別爆撃を加えた。東京の下町は焼土と化し、死者は約10万人。

ドレスデン爆撃　1945年2月、ドイツの古都ドレスデンを壊滅させた、英米軍による夜間無差別爆撃。街の約85%が破壊され、死者は約2万5000人。

日清戦争　1894〜95年。朝鮮の支配権をめぐる日本と清の戦争。日本が勝利し、朝鮮半島の独立の承認、遼東《りょうとう》半島、台湾、澎湖《ほうこ》諸島の日本への割譲などを定めた下関条約を結んだ。

半島が戦いの舞台になりました。日清戦争のあとには日露戦争があり、規模の大きな第1次世界大戦もありました。

夏目漱石は慶応3年、1867年に生まれて、亡くなったのは1916年、第1次世界大戦が起きて2年後です。「俺の人生は戦争の連続だ」と彼は書いています。そして、そういう時代に生きたので、いつも胃が痛かったそうです。なんでこんなに人が人を殺すんだろう。勝てばみんなが喜ぶ。凱旋《がいせん》して喜ぶ。でも、それは必ず死者を伴う。ばかばかしいという言葉では片づけられない、非常に難しい問題です。この130年間、東アジアで戦争が絶えたことはなかったんです。

日露戦争　1904〜05年。朝鮮と中国東北地方の支配権をめぐる日本とロシアの戦争。アメリカの斡旋で講和し、ポーツマス条約を結んだ。日本は、韓国に対する指導・監督権、大連と旅順の租借権、樺太の南半分などを獲得した。

第1次世界大戦　1914〜18年。ドイツ、オーストリアなどの同盟国と、イギリス、フランス、ロシアなどの協商国の間の戦争。総力戦となり、アジアやアフリカなど世界を巻き込んで甚大な被害をもたらした。

東アジアの平和が保たれた250年

じゃあ、戦争がない平和な時代はなかったのだろうか、東アジアで。じつは、あったんです。17世紀の後半くらいから19世紀の初めのことです。日本で言うと戦国時代、安土桃山時代が終わって江戸時代になってから。朝鮮半島では李氏朝鮮の時代です。李氏朝鮮は約500年続きましたから。中国では清国、明から清に変わった時代です。清国による北京の占領は1644年ですから、17世紀の大体半ばに出てきました。中華という考え方は、世界の中心は自分たちだということです。ところが、その世界の中心である中華帝国を、蛮族、バーバリア

江戸時代　1603〜1868年。徳川家康が征夷大将軍となり江戸に幕府を開いてから、15代将軍・徳川慶喜が大政奉還により幕府の権限を朝廷に返上するまで265年続いた。

李氏朝鮮　1392〜1910年。朝鮮半島における最後の統一王朝。李成桂が高麗を倒して建国。1910年に日本に併合されるまで存続した。

ンだと思っていた満州族が倒して帝国を築いたので、それはそれはショックだったわけです。日本にとっても、朝鮮半島にとっても。あるいはベトナムにとっても。たとえて言うと、今のアメリカがロシアに負けるようなものです。ショックでしょう？　それくらい、当時、大変な衝撃が起きたわけですね。それでどうなったかと言うと、朝鮮半島も、ベトナムも、日本も、今度は自分たちが中華だと思うようになる。これを、一般的には小中華思想と言うわけ。それで、この時代から初めて、今の中国や韓国、朝鮮半島、日本やベトナムの大体の原型ができ上がるんです。

そしてこの時代、東アジアでは戦争がほとんど起きませんでした。250年近くの間です。皆さん、江戸時代は鎖国をしていたから平和だ

清国　1616〜1912年。漢民族の王朝、明に代わって中国を支配した満州人の王朝。18世紀半ばにはほぼ現在の中国とモンゴルにあたる版図を築いた。辛亥革命により1912年に滅亡した。

ったんだと思うかもしれません。徳川の平和、「パックストクガワーナ」と言う人もいます。でも、鎖国をしていても平和ではないということはありえたわけですね。二百数十年の平和が可能だった理由は別にありま す。東アジア全体を見渡してみるとわかりますが、清国ができて、李氏朝鮮があって、そしてベトナムも安定して、東アジアがおよそ平和だったからです。そして、それぞれの国に交流があったんです。今ほどの大移動ではもちろんありませんが。その交流の一つが、日本と李氏朝鮮です。これについてはあとで話すことにしましょう。その前に、17世紀の半ばくらいに、私たちが考えなければならない重要な人物が台湾にいたので、まずはその人の話からしたいと思います。

台湾と聞いて連想する人、5人を挙げてください

ここでちょっと質問をしたいんだけど、皆さん、台湾と聞いて5人の人を思い浮かべてほしいんです。その名前をフリップに書いて挙げてくれるかな。台湾と聞いて連想する人なら誰でもいいです。歌手でも俳優でもいいし、政治家でもいい。漢字で書けない場合はひらがなでもいいです。挙げられなければ3名でもいいし、わからなければ白紙でももちろん構いません。台湾からの留学生も書いてみてね。

オードリー・タン、蔡英文《さいえいぶん》……うん、なるほどね。白紙の人も多いけ

オードリー・タン（唐鳳）　1981年生まれ。台湾のプログラマー、政治家。蔡英文政権に史上最年少の35歳で入閣。デジタル担当大臣を務めた。特に台湾の新型コロナウイルス対策の立役者として知られる。

蔡英文　1956年生まれ。台湾の政治家、法学博士。2016年、中華民国（台湾）総統に就任。2024年、任期満了により退任し、後任の頼清徳に引き継いだ。

ど、5人挙げた人もいる。すごいね。ああ、鄭成功《ていせいこう》を挙げた人がいました。あなたは台湾からの留学生かな。やはりそうですね。台湾の人であれば、孫文《そんぶん》と蔣介石《しょうかいせき》と鄭成功を挙げる人が多いんじゃないかな。どうでしょうか。そして、もうお一人、鄭成功の名前を挙げてくれたのは中国のかたですね。はい、ありがとうございます。

今、台湾をめぐって国際的に難しい問題が起きています。そんな中で最近、熊本に台湾の半導体製造大手「TSMC」の巨大な工場ができて大きな話題になっていますね。熊本と台湾を結ぶ直行便も就航しました。台湾は米中の関係からすると、国家としては認められていないんだけど、それにもかかわらず、日本と台湾との関係はとても深くなっている。でもわれわれが台湾についてどれくらい知っているかと言えば、や

鄭成功　1624～62年。明の復興運動に活躍した軍人、政治家。61年にオランダ勢力を駆逐して台湾を占領したが、翌年病死した。明王朝の姓（国姓）である「朱」を賜ったことから国姓爺とも呼ばれる。

孫文　1866～1925年。近代中国の革命家。清朝打倒の革命運動をはじめ、辛亥革命によって成立した中華民国の臨時大総統に就任。中国国民党を創設し、国共合作をめざした。台湾では「国父」と称えられている。

はりまだまだ何も知らない部分が多いのではないでしょうか。5人の名前を挙げるのが難しかったことからもわかりますね。もっと台湾のこと、台湾の歴史を知る必要があるんじゃないか。なぜなら、台湾に住む人々の背景を知らなければ、本当の意味での交流は進んでいかないと思うからです。

蔣介石　1887〜1975年。中国国民党の指導者。第2次世界大戦後、共産党との内戦に敗れ、台湾に中華民国国民政府を樹立した。

さて、鄭成功という人の名を挙げてくれた人がいましたね。この鄭成功こそが、先ほど私が言った重要な人物です。日本と台湾と中国、この3つの国の交流を考えるうえで極めて重要な存在と言えるでしょう。先に紹介した『アジア人物史』でももちろんとり上げています。ですので、次はこの鄭成功の話をしましょう。

日・中・台、共通のヒーロー鄭成功

鄭成功という人の名前は、皆さん、聞いたことがありますか。初めて聞いたという人はぜひこの機会に知ってください。台湾を中心に、17世紀の半ばに活躍した人です。鄭芝龍《ていしりゅう》という人の息子なんですが、鄭芝龍は平戸で日本の女性と一緒になり、そして鄭成功が生まれた。鄭成功は中国人の父と日本人の母のもとに生まれたわけです。今で言うとダブルですね。日本との縁も深い人です。

鄭成功は、中国の明王朝を支えた人物です。北方から明に攻め入る清と戦いますが、敗北し、台湾に逃れます。そこで台湾を占拠していたオ

平戸 長崎県北西部の島。1550年のポルトガル船を皮切りにスペイン、オランダ、イギリスの船が来航し、1641年にオランダ商館が長崎の出島に移るまで南蛮貿易で栄えた。

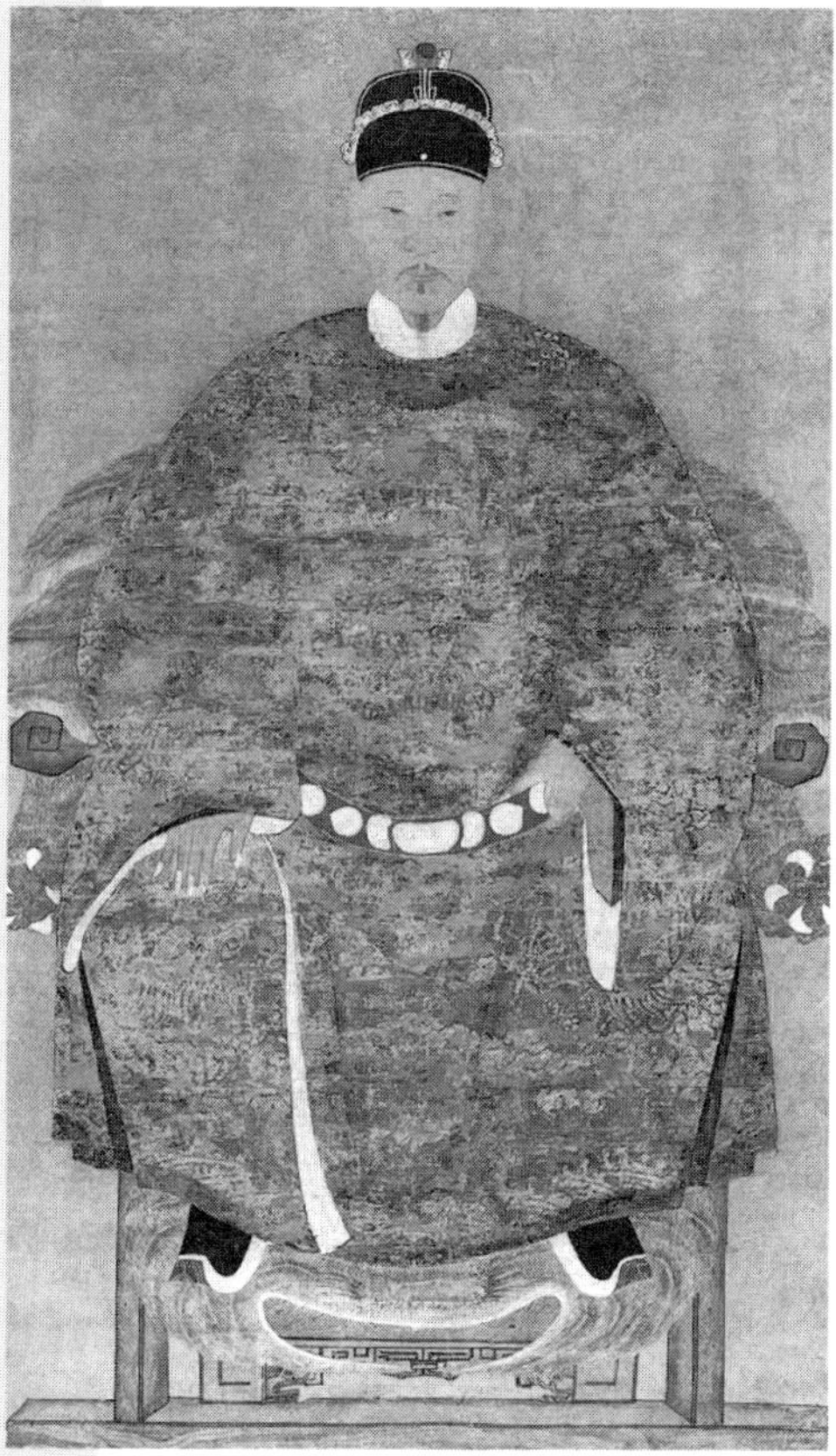

鄭成功（1624〜62年）中国明王朝時代の軍人、政治家。
（提供：Alamy/アフロ）

ランダを撃退して、台湾の礎をつくりました。日本にルーツを持ち、忠義にも厚い。

皆さん、浄瑠璃はわかりますか。日本の伝統的な人形劇です。今日の会場、熊本県立劇場でも『ONE PIECE』を清和文楽でやりました。それはともかく、近松門左衛門という人の書いた『国性爺合戦《こくせんやかっせん》』という有名な浄瑠璃があります。この主人公が鄭成功なんです。18世紀の初頭くらいに初演されて、のちに歌舞伎にもなり、日本ではずっと大人気。今の若い人こそ知らないかもしれませんが、いわば大ヒットドラマです。

そして、この人のすごいところは、中国でも台湾でも英雄だということ。中国では、明王朝のために清と最後まで戦った人。「反清復明」を果たすことなく亡くなりましたが、中国では今でも民族の英雄とされて

清和文楽　人形浄瑠璃の一つで、熊本県を代表する農村芸能。江戸時代末期の嘉永年間（1850年頃）、山都町（旧・清和村）を訪れた淡路の人形芝居の一座から浄瑠璃好きの村人が人形を買い求め、技術を習ったのが始まりとされる。

近松門左衛門　1653〜1724年。江戸時代前期から中期にかけて活躍した人形浄瑠璃および歌舞伎の作者。代表作に『曽根崎心中』『国性爺合戦』など。

「国性爺合戦」近松門左衛門作の人形浄瑠璃。主人公の和藤内は鄭成功がモデル。
（東京都立中央図書館蔵）

「ゼーランディア城包囲戦」（1661～62年）
鄭成功がオランダ統治の台湾の城を陥落。
（中央研究院民俗學研究所）

います。台湾では、オランダから台湾を解放した人です。独自の政権を樹立して台湾の基礎を築いたことから、不屈の英雄として尊敬されています。

台湾はそれ以前には中国にあまり知られていなかったと思います。16世紀にポルトガル人がこの島を見つけ、フォルモサ、麗しの島と呼んだ。鄭成功はその台湾を再発見して、東アジアの地域に知らしめたという意味でも、とても大きな存在なんですね。

このような鄭成功の英雄ぶりは日本にも届き、そして『国性爺合戦』が生まれたわけです。

つまり、日本と中国と台湾、この3者を等しく満足させてくれる存在、それが鄭成功なんです。ですから、この鄭成功のことをもっとみんながが知るようになれば、お互いへの理解が少し進むのではないかと思うんです。同じ人物を共にヒーローだと思っているのに、なぜ敵対する必要があるのかということですね。日本も中国も台湾も、共にヒーローだと思っている人物を掘り起こしていく。それは意味のあることだと思います。

皆さんが、ある国、全体にはいいイメージを持っていないとする。しかし、その国のある人と知り合いになった。その国は嫌いだけど、この人は好きっていうことはあると思う。そして、好きなその人を通じて、嫌いだと思っていた国が、違う形で見えてくるということもあるかもしれません。

東アジアは、もし戦争になれば大変なことになります。なんとか戦争のない、平和な東アジアであってほしい。みんな、切にそう願っていると思うんです。そういうときに、歴史の中で平和な時代があったとすれば、それはどういう形で、それが可能だったんだろうか。それを知り、考えることはとても重要です。そして、そのためには何が必要か。それは、その歴史の中の人を知るということです。その一人として鄭成功を紹介しました。もう一つの例を次に見てみましょう。

日朝の架け橋　雨森芳洲と申維翰

日本と韓国、最近は国と国との関係はよくなったといわれています。

でも、嫌韓とか、反韓とか、反日とか、そういう言葉もよく聞かれます。どうしてそんなにいがみ合うの？と思うこともあるでしょう。でも、そういう時代が、じつは17世紀から18世紀にもありました。それが、江戸幕府と、そして当時の李氏朝鮮でした。それでも対馬の宗家が仲立ちとなり、江戸幕府と李氏朝鮮は長いつきあいをやってきました。

そこには、重要な、今で言う外交官のような人がいたんですね。雨森《あめのもり》芳洲《ほうしゅう》という人です。初めて聞くという人もいるかもしれませんね。でも、とても有名で、なおかつ立派な人です。相手の朝鮮側の人は申維翰《シンユハン》という人です。この二人の人と人の交流、交わりがあったんですね。

当時、雨森芳洲は、日本と朝鮮半島、韓国との国交がなかなかうまくいかなくて、大変苦労しました。うまくいかないからといって、引っ越

雨森芳洲　1668～1755年。江戸時代中期の儒学者。中国語と朝鮮語に堪能で対馬藩に仕え、日本と李氏朝鮮との外交に尽くした。「誠信の交わり」という外交における信念を『交隣提醒』に記している。

申維翰　1681～1752年。李氏朝鮮の文官、儒学者。徳川吉宗将軍時代の第9回朝鮮通信使として日本を訪れた。のちにまとめた『海游録』には、雨森芳洲の活躍も記されている。

しをするわけにもいきません。なんとか国と国との関係を保ち、戦争が起きないようにしたいと考えました。それで最終的に、彼はこう言っているんですね。「誠信」と。誠という字に信じる。誠の信頼です。英語で言えばトラストですね。彼の書いた『交隣提醒《こうりんていせい》』は、次のように締めくくられています。

「誠信と申し候は実意と申す事にて、互いに欺かず争わず、真実を以て交わり候を誠信とは申し候」

つまり、誠の信じる気持ちがお互いにある。そのためには、相手をだまさない、偽らない、争わない。そして、誠心誠意を持って、相手と向き合うのだと。なんだ、そんなことかと思いますか。でもこれは、彼が

雨森芳洲（1668〜1755年）
対馬藩の儒学者。朝鮮通信使との外交実務を担当。

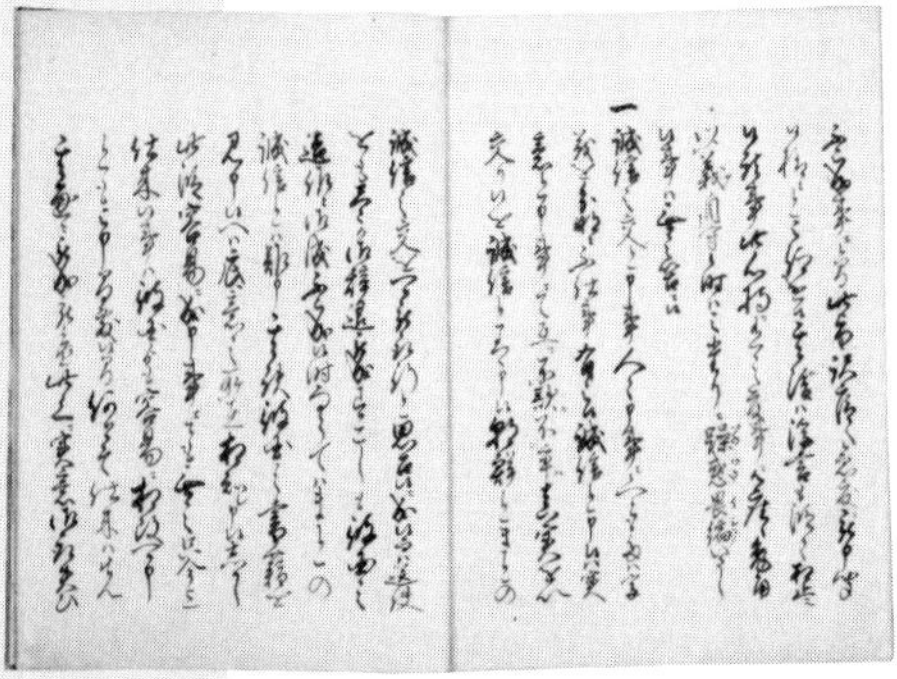

『交隣提醒』

大変な苦労の末に導き出した考え方なんです。

当時、韓国と日本の間には争いの後遺症がありました。韓国では「壬《じん》辰《しん》・丁《てい》酉《ゆう》の倭乱《わらん》」、日本では「文禄・慶長の役《えき》」と言いますが、豊臣秀吉のいわゆる朝鮮出兵です。その後遺症が李氏朝鮮に莫大な形で残りましたから、日本と李氏朝鮮とはうまくいかなかった。それを、なんとかうまくいくように、うまくいくように、そして最後にたどり着いたのが「誠信の交わり」です。誠の信じる気持ちを持って交わる。

雨森芳洲と申維翰の二人は、国を超えて友情を持ったんです。

人と人との交わりが国を超える

人と人とが国を超えて交わりを持つ。私は、外交官であれ、一般の市民であれ、これが大切だと思います。

そのときに覚えておきたいのは、国と国の関係においても、人と人の関係においても、相手は決して敵ではないということです。「エネミー」ではない。「ライバル」だということです。

これは、難しいですね。今、たとえばロシアとウクライナとの間に、お互いが敵ではなくて、これをライバルのように考えましょうと言っても、たぶん受け付けられないと思う。しかし、われわれは敵ではない、ライバルだというこの考え方は、誠信の交わりの中で、雨森芳洲と申維翰の間で実現されたわけです。だから長い平和が続いた。そして、**朝鮮通信使**といわれる人たちが、その後、12回にわたって日本を訪れました。交流が続いたんです。われわれはライバルだ、と。われわれは敵ではない。

私は、韓国の15代大統領であった**金大中**、キム デジュンという人と何回か交流がありました。金大中氏は大統領になる前、何度も政敵から殺されそうになっていました。何度も何度も殺されそうになり、それでも、自分を殺そうとした人に一度でもいいから会いたかったと言った。当時の韓国は軍事政権で、金大中氏は大統領とどうしても会いたいと思ったようです。そして、当時の朴正熙《パクチョンヒ》大統領に、われわれは敵同士では

朝鮮通信使　室町時代から江戸時代にかけて、朝鮮から日本に派遣された外交使節団。

金大中　1925～2009年。97年の大統領選挙で当選し、韓国史上初の与野党政権交代を果たした。北朝鮮に対しては対話を呼びかける太陽政策を行い、初の南北首脳会談が実現。ノーベル平和賞を受賞した。

ない、われわれはライバルだと伝えようとしたわけです。民主主義を、また人権を、人々を、またその個性を尊重するならば、敵対する関係をつくってはいけない。われわれは、ライバルとして切磋琢磨《せっさたくま》すればいいのだ、と。これは本当に難しいです。

でも、雨森芳洲が誠信の交わりと言ったのは、わがほうの幕府とそちらの李氏朝鮮とが共にライバルとしてよい関係をつくりながら、この東アジアで繁栄をシェアし合おうという、そういうメッセージだったと思うんです。

これが、本当にできるかどうか。われわれは、メディアあるいはさまざまなフェイクニュースに弱いです。本当にこれは真実だろうかと顧みることなく、そういうものに惑わされると、どうしてもある一つのステレオタイプな考え方に陥ってしまう。皆さん、近くの台湾ですらも、知っている人を5名も挙げられなかった人が多かったわけでしょ。じゃあ皆さんがいやな国だなと思っている、そういう国で5名の名前を挙げられるかどうか。たぶん挙げられないと思うんだ。たとえばロシアで。何人か挙げたとしても、じつはロシア人じゃなくて、ウクライナ人だったという場合もあるわけです。ロシア人として認知されているミハイル・ゴルバチョフも、父親はウクライナの出身といわれています。

そのようにしてわれわれは、ある国について何かイメージだけは持っていても、意外とその国の5名の名前も、5つの場所も挙げられないということが、結構多いんじゃないかな。その割には、アメリカの人を挙げろと言うと、皆さんは、もう10本の指以上に挙げられるでしょう。あ

ミハイル・ゴルバチョフ 1931〜2022年。ソ連共産党最後の書記長、ソ連唯一の大統領。社会主義体制を見直し、情報公開、政治改革、新思考外交など大胆な改革、ペレストロイカを進めた。91年、保守派のクーデターにより指導力を失い、共産党解散、ソ連解体につながった。

るいはイギリスやフランスでもそうかもしれません。でも、一番近いところで、韓国であれば、まあ、BTSとか、いろいろなK-POPの人を知っているから、挙げられるかもしれないけど、たぶん政治家を挙げろと言ったら、なかなか難しいんじゃないかな。

つまり、僕が何を言いたいか。それは、われわれはアジアのことを、じつはよく知らないということ。そして、日本はアジアの中に生きていくしかない。これが非常に大切で、私は熊本に、自分のふるさとに、今度七十数歳にして帰ってきたんですね。ここに家を持って、これが終世のすみかだと思っている。それは、熊本のようなこういう地域が、アジアのゲートウェイになってほしいから。

東南アジア、東アジア、台湾、中国、韓国、いろんな諍《いさか》いがある。場合によっては、戦争が起きるかもしれない。しかし、それでもなんとか知恵を絞りながら平和の道を歩きたい。17世紀の後半から19世紀の初頭までの間には、平和な時代が続いたんです。それは、人と人との交流に重きを置いたからでした。

人と人が交流するためには、相手を知る必要がある。だから、われわれはやっぱりアジアを知る必要がある。国を通じて人を見るんじゃなくて、人を通じて国を考えていくことが重要です。

私の講義のメッセージは、人が大切だということです。

人と人との交わりは国を超え、その絆は必ず続いていく。雨森芳洲と申維翰がそうであったように。

今日は数少ない例をお話ししましたが、そういう歴史がじつはいっぱいあるわけです。『アジア人物史』を人にフォーカスして編んだのは、そういう理由です。

さあ、これで私の最後の講義は終わりました。このあとは質問の時間にしましょう。皆さん、時間を長くとりますから、どうぞ自由に意見でも疑問でも話してください。

第4章 質疑応答②

欧州連合のように
アジア連合ができないのはなぜ？

◎社会人／台湾（28歳）

国と国の関係は、敵ではなくライバルだという姜さんの言葉を聞いて、思いついたイメージなのですが、ヨーロッパには欧州連合がありますよね。ドイツとかフランスとか……。ドイツにはユダヤ人殺戮という問題もあったし、ポーランド、フランスも戦争はたくさんあった。それでも欧州連合ができました。アジアにはどうしてそういうものができないのかなと思うんです。

欧州連合（ＥＵ） ヨーロッパを中心に27カ国（2024年現在）が加盟する国家連合。欧州市民権が創設され、共通通貨の導入、共通安全保障政策の実施、司法・内務分野の協力などを創立目的に掲げている。

姜　そうですね。これは皆さんも疑問に思うんじゃないかな。

これは国際政治で言うバイラテラルな、つまり2国間の関係か、マルチラテラル、多国間の関係かという問題にからんできます。

日本と韓国においては、当事者である日韓関係だけで進めようとしても、なかなかうまくいかず対立してしまう。だから江戸時代のように、対馬の宗家のような存在が必要になる。対馬はもちろん幕藩体制の中の一つの藩なのですが、宗家は江戸幕府と李氏朝鮮のどちら側にもいい顔をしながら、お互いをとり結んでいました。

今の日本と韓国の関係は、おそらくですが、アメリカを入れなければうまい関係がつくれなかったと思うんです。よく日米韓と言うでしょう。また、この間も日本と中国と韓国の首脳がソウルに集まり、**日中韓首脳会談**が行われました。そして、共同宣言文が出ました。もしこれを

日中韓首脳会談　2024年5月27日、4年半ぶりとなる日中韓3カ国の首脳会議が行われ、首脳会談の定期開催や、気候変動や防災など6分野での連携を盛り込んだ共同宣言が採択された。

ね、日中だけ、中韓だけ、日韓だけでやっていたら、たぶんまとまらなかったと思う。多国間でネットワークをつくって問題を解決していく枠組みが必要で、第3章で話した東アジアの平和の時代には、それができつつあったわけですね。私はそうした多国間のネットワークづくりの構想を抱くようになり、それを「東北アジア共同の家」と呼んでいました。それが、あなたの言った欧州連合に近いものです。

現在、韓国側には、２０２５年の日韓条約60周年を記念して、フランスと西ドイツが欧州連合に資するために結んだエリゼ条約と同じように、東アジアがまとまる連合体に向けた日韓の共同宣言文を出そうじゃないか、という考え方があるようです。その一つとして、日中韓の間で大学生の交流を進めていこうという構想がある。ヨーロッパで言うエラスムスプロジェクトです。もう今は変わったと思いますが、大学生が

EU内のいろんな国に行って勉強し、そこでとった単位が認定される。学生や教員の交流を大量にやっているわけ。僕はそれを、キャンパスアジアという形で大学間でね、今後ぜひやってほしいと思っています。

こうしたことは、2国間関係では決してうまくいかないと思う。多国間の枠組みをつくって実現していくことが大切。できるかどうか、難しいです。でも、アジアにあってもいい。

多国間の枠組みが一番先行しているのは東南アジアです。ASEAN地域フォーラムというのがあります。私たちは、ASEANの国々に学ばなければいけない。ASEAN地域フォーラムがあることで、あの地域ではどんな対立があっても、みんながフォーラムで集まって議論ができるわけ。東アジアにも、そういうものができてほしいと思っています。

ASEAN地域フォーラム(ARF) 政治・安全保障問題に関する対話と協力を通じ、アジア太平洋地域の安全保障環境を向上させることを目的としたフォーラムで、1994年から開催。2025年現在、26カ国+EUが参加している。

ASEAN(東南アジア諸国連合) 1967年、インドネシア、マレーシア、フィリピン、シンガポール、タイによって設立された地域協力機構。のちにベトナム、ブルネイ、ラオス、ミャンマー、カンボジアも加盟し、全10カ国が所属する。

すみません、重ねての質問なのですが、欧州連合が平和にできるのは、一つには僕の考えではお金、通貨の統一があるからかなと思うんです。交流にも便利だし、統一感、仲間の意識が強くなるかな、と。それはどうでしょうか。

姜　確かに、ユーロという通貨ができて、ドルと同じような地位にまで伸びたわけですね。それを実現するためには、加盟する国々の財政的な基準が必要になります。その基準を満たさないとユーロを採用できない。だから、国内改革を相当進めなければならない。まずそういう壁がありますよ。それからね、私の考えでは、通貨の統合はアメリカの利に反すると思う。ドルによる決済以外の手段を東アジアで使おうとすると、大きな反発があるでしょう。ドル決済以外の方法は難しいと思う。たとえアジアが一緒になったとしてもね。ですから、東アジアのこの連合体には、アメリカも入ると考える。アメリカ、場合によっては将来的には中国も、場合によってはロシアも。あるいはモンゴルも。

通貨による強固な結びつきというよりも、そのように緩やかに、複数の国々がまとまっていく。こういう方向に動いていけば、ちょうど17世紀の後半から19世紀の初頭のような、東アジアの平和に近いものができ上がるかもしれないと思います。

外国人労働者を受け入れるうえで日本に求められることは?

◎**大学生/日本(21歳)**

私は大学で法学部に所属しておりまして、日本の外国人労働者の受け入れにとても興味があります。なかでも外国人技能実習制度に興味があって、3年後くらいですかね、育成就労制度に変更されるという法律が可決したと思うんですけど、今後、そういった外国人労働者、特にアジアの外国人労働者を受け入れる中で日本に求められることというのを、政治学的にお話を伺いたいです。

外国人技能実習制度
1993年創設。国際貢献のため、開発途上国などの外国人を日本で一定期間(最長5年間)に限り受け入れ、OJTを通じて技能を移転する制度。

姜　これも難しい話だ。今、アジアの世紀といわれる中で、労働力の移動をどう考えていくかっていうことですね。

技能実習制度には、まあどう言ったらいいんだろう、いくつか問題があるわけですね。発展途上国に技能を移転するという目的が単なる人手不足の穴埋めになっているとか、一度入った職場、職種を変えられないとか。それから、非常にリスクの高いところで働き、傷害を受けても泣き寝入りをするとか、努力をしても日本で働き続けることが困難であるとか。それは韓国も同じです。韓国と日本の外側からの労働力の導入の形態は、それぞれに問題があります。

根本的には、人を労働力として見ているところから、こうした問題が生じているのでしょう。人ではなく労働力。そういう考え方で今後もやっていけるかどうかとなると、僕は難しいんじゃないかと思います。

育成就労制度　外国人技能実習制度の代替制度として2024年6月、育成就労制度を盛り込んだ改正法が成立。技能実習制度の目的が技術移転による国際貢献であったのに対し、育成就労制度では、日本の人手不足業界における人材育成、人材確保を目的としている。

結局、問題は、私たちの社会が労働力というだけではなく、人を受け入れていくんだという認識がないことです。労働力として来た人が、やがて家庭を持ち、そして、この日本の社会で地域を担っていく人として定着する場合がある。それによって日本の社会も変わっていくんだというコンセンサスが、残念ながらまだできていないわけですね。だから、特に関東周辺では、移民系の労働者をめぐるさまざまな問題がこじれて社会問題になっています。やっぱり私たちは、労働力ではなくて人を受け入れていくんだという方向に転換していかなければならないと思います。

日本と韓国の違う点は、韓国の場合は、間に業者が入ることを排除しています。国と国との契約関係なんですね。日本の場合は依然としてエージェントが間に入っていますから、日本に来る移民系の人たちの中にはそもそも、かなりの額の借金を背負っている場合があると思います。こうしたことをなくしていくためには、私はやっぱり、今の受け入れ制度自体を送り出す側からも変えていかなきゃいけないいんじゃないかと思います。

そして、３Ｋ労働の問題。特に韓国の場合では農業が多いんですね。農業と漁業。それから、非常にリスクの高い中小企業。まあ、日本も同じだと思います。

そうした問題を考えるときに根幹に流れるものは、労働力ではなくて、私たちと同じ人なんだという意識でなければならない。そして、その人が日本である程度の期間ちゃんと生活しているならば、地域社会のメンバーシップとして受け入れていく。こういう風土がないとね、いつまでたっても問題が解決しないと思います。

この問題を語るときに、よくヨーロッパを見ろと言う人がいます。あんなふうになったら困るから、日本はそれを反面教師にしなければと言いますが、ヨーロッパと日本では外国人労働者の桁が違います。ドイツの場合のガストアルバイター、外国人労働者の数は、ドイツの人口の1割を超えていると思います。フランスも同じです。それくらい受け入れているから、問題も起きるわけ。日本は近年増えたとはいえ、ヨーロッパと比べれば桁が違う。だから日本は、そういう人たちの人権をしっかり守っていけるような制度を、やっぱり用意していかなければいけないと思いますね。もちろん、少しずつ変わっていこうとはしていると思いますけれどね。

どのような制度をつくって受け入れていくか、その根幹にある考え方は、単なる労働力ではなくて人、ということです。

じつは、同じ日本国民の間でも、かつて同じことがありました。日本の人口は、今1億2千万ほどですね。1960年代にすでに1億人を超えました。G7の中で、戦後、大量の労働力を外から受け入れなくても開発と成長を遂げられた国は日本だけなんです。アメリカ、カナダ、あるいはイタリア、ドイツ、フランス、イギリス、全部、移民労働者を受け入れています。それは労働人口が少なかったから。ところが、日本は国内にたくさんの人がいた。じゃあ都市の労働力はどこから来たか。それは、関東なら東北地方ですよ。東北地方で冬の間、農業ができない人たちが単身赴任で東京にやってきて、ビル工事や、非常にリスキーな3K労働を担っていたわけです。

皆さんに考えてほしいんです。一つの高層ビルが建てられるとき、何人が亡くなっているか。工事現場では、たくさんの人が亡くなってきました。現場でいわゆる孫請けのような仕事を担う人たちです。それは、東北の農村から単身労働者としてやってきた人々だった。そこでは、人というよりは労働力として見られていたわけです。

その後、新幹線や高速道路が通って地方が豊かになった。父親がもう東京に出稼ぎに行かなくてすむようになったわけです。そういう時代になり、労働力がなくなったとき、じゃあどこから労働力を集めたか。それが外国になるわけですね。外国人労働者の問題と言うけれど、じつはそのプレヒストリーと言うか前史がある。それは、日本の中で起きていたことなんです。一つのビルの中に、名もなき人々のたくさんの血と汗がしみ込んでいる。それが今、海外から来る人になっているということです。

いずれにしろ大切なことはやっぱり、労働力ではなく人として扱うということです。これがないとね、どうしても差別が起きる。そして、苦しみが生まれる。あまり答えになっていないかもしれないけれど、こうしたことを考えていただければと思います。

自由とは何か？

◎大学院生／中国（27歳）

中国の北京から来ました。大学院生です。実際、中国は、ほかの西側諸国よりあんまり自由がない国だと思います。政府もそうですし、企業、学校、または家族も、上司、あるいは母親、親たち、めっちゃ強い感じがあります。ずっと自由は何？と考えていますけど、たとえば12年前、自分は母親とよくケンカをして、そのときBBフォンを使って海外のネットの情報を読み始め、そのとき、まず天安門事件などについて理解し始めました。その頃、私の自由の理解は、やりたいことをやるということでした。しかしその後、大学時代、それは10年前からですが、学校の無意味なルールがたくさんあり、やりたくないことをやらなくてもいいということが自由だと思いました。

今年の1月、私は中国人でありながら、選挙を見るために台湾へ行きました。そのときも、また5月の就任演説でも、台湾の総統・頼清徳《らいせいとく》氏は、中華人民共和国と台湾はお互い所有するものではありませんと言いました。その話を聴いたあと、ああ、それはまた別の種類の自由かなと思いました。姜さんに聞きたいのは、自由とは何かということです。姜さんの理解する自由は何ですか。よろしくお願いします。

姜　わかりました。自由と言うか、リベラリズムの伝統がある社会や国と、リベラリズム、自由主義というものがあまり伝統としては根づいてない社会があると思うんです。ただ、自由と言っても、失業する自由、これは自由ではないですよね。あるいは、失業などの理由から死ぬ自由。これも本来の自由ではない。

僕は今の中国を見て驚くのは、少なくとも大都市圏ではホームレスが少なくなったということです。十数億の人がいる国で、飢餓がほとんどなくなったということは、大変な達成だったと思います。もし飢餓状態が何億の人に降りかかっていたならば、中国から人口が流出していたと思います。それが東南アジアに行くのか、東アジアに行くのかはわかりません。それは周辺の国にとっては大きな問題だったでしょう。ですから、まず一つ、中国の経済発展は飢餓というものから人々を解放してくれたと言えます。

しかし、それが同時に、自由のかなりの抑制と、いわば抱き合わせだったということがあるわけですね。それをヨーロッパやアメリカの国々は、オートクラシー、「専制主義」と言っています。ただ、私は、デモクラシーには自由があって、オートクラシーには自由がないという、そういう単純な話ではないと思う。ある自由は、自分がどのようなポジションにいるかによって、その意味が変わってくると思います。お金がなく、貧しくて、働けども働けども暮らしがよくならない人にとっての自由は、自由があると言われても、ほとんどありがたみがないと思う。でも、一定程度の中産階級、ミドルクラスで、子どもや自分がある程度学歴もある、こういう人たちにとっては、自由は切実な意味があるでしょう。そして、権力を持っている人たちは、自由に好き勝手ができますね。自由という言葉、これは、その人の社会的なポジションによって、その定義や意味が変わらざるをえないんです。

では、なぜ自由が大切なのか。どうでしょうか。先ほど僕は、人が大切だと言いました。国と国との関係は、人と人との関係の中で違うものになっていくかもしれないという、オルタナティブ、代案、代替物があると考えるからです。雨森芳洲と申維翰との関係が、将来、日本と朝鮮半島、日本と韓国との関係になってほしいというふうに、彼らは思っていたかもしれない。自由ということは、今とは違う世界を、まあジョン・レノンじゃないけど、イメージできるということですね。これが大切です。自由がなければ、違う世界をイメージすることもできません。

自由イコール権利です。しかし、この権利を行使しない人がいるんです。たとえば日本の国政選挙で、5割近くの有権者が投票に行かない。権利があるのに。それは自由の行使なのに。その人にとって、その自由がほとんど意味がなくなっているからですよね。私たちは、今の現実とは違うものをイメージできる。場合によっては現実を変えることもできる。そのとき初めて、自由というものが大切になってくるわけです。

私はこの年になっても、現実はこうだけれども、のちのち少しでも変えられるかもしれない、と思っています。ここに集まっている皆さんは僕よりはるかに若い。そして、その若い感性を持って現実を変えられると思っているかもしれないと思うと、こういう機会があって本当によかったなと思います。

つまり、私にとっての自由は、オルタナティブがあるということです。今、それはありますす。人と自由に出会えますから。やっぱり人と出会わなければ、オルタナティブは出てこない。人と出会い、オルタナティブが生まれ、それが初めて希望につながると思うんです。自由がなければオルタナティブが出てこない。そこに自由の尊さがある。

自由はある、でも希望がない、と言う人もいます。もちろん、自由を束縛されている社会の中には希望はないでしょう。ただ安楽さはある場合もある。でも、自由があっても希望がない、そういう社会もある。そんな中でこそ、人を通じて自由とか、民主主義とか、平等とか、こういうものを一つひとつ考えていってほしいんですね。

ものすごく勇気のある質問をしてくれたと思います。心より感謝したいと思います。

第5章
講義を終えて

戦争が起きている国と自分の住む日本はつながっている

高校生／日本（18歳）

今日は、まず席が姜さんの真横で、とても嬉しかったです。話の内容は、やっぱり僕がまだ知識が足りないことが多く、難しい部分もあったのですが、根本的な、つまり人と人とのつながりが大切だということなど、アジアはもちろん、すべての世界で共通するお話がとても心に残りました。僕は高校生で、進路を決めなければいけないない時期ですが、そういう根本的な視点を忘れず、自分のものにして今後も生かしていきたいと思います。

僕は「なぜ戦争が起こるのか」という質問をさせていただいたのですが、言葉にすると小学生でも思いつくような質問かもしれません。でも、そうやってみんなが疑問に思いながら、誰も明確な答えを持っていない。僕も18年間生きてきて、戦争の話を聞くたびに考えますが、答えは出ません。

姜さんもとても難しい質問だとおっしゃっていましたが、お話を聞いていて、今、自分は平和に暮らしていますが、実際に戦争が起きている国と、この自分のいる世界はつながっているという意識が強くなりました。やはり、自分の身の回りや日本のことだけではなく、世界のことを知る大切さを感じました。

戦争というのは、どちらがいい悪いと断言できるものではないのかなと思っています。どちらの国にも守りたいものがあり、そこで対立が起きて、本当は戦争を望まない人たちまでもが参加し、命を落としている現実があるのではないでしょうか。相手は敵のように見えて、違う見方をしたら、本当は自分たちの味方かもしれない。

ニュースでウクライナの映像が流れるたびに、これまで教科書の中で見てきた戦争というものが、実際に起こるんだという恐怖を感じます。自分がこうあったらいいなという世界と、実際の世界のギャップに悲しくなります。

戦争はなぜ起こるのか。講義のあとで、姜さんは「この質問を自分の世代で止めることができなかった。今の若者に、こういう質問をさせてしまったことに後悔を感じる」とおっしゃっていたと聞きました。姜さんのやさしさを感じると同時に、戦争を止めようとしてくれている大人がいるんだということが、まだ若い僕の立場としてはとても嬉しいことだと思いました。

自分の中には、国と国の間にはさまざまな問題があって、戦争はなくそうと思ってもなくなりはしないのかなという気持ちもあります。でも姜さんは、僕の質問に後悔を感じるとおっしゃりながら、僕たちの前にしっかりと立って、さまざまな経験を踏まえた話を伝えてくれました。もしも僕が将来、若い人から同じ質問をされたときに、姜さんほど本当に本質を突いた話ができるだろうか。それはわからないのですが、次世代の子たちに少しでも考えを深めてもらえるような言葉を発する大人になれればいい。今日はそういう目標ができたように思います。

敵ではなくライバル。お互いを知り、共に向上していきたい

社会人／中国（29歳）

私は社会人になったばかりで、ＩＴ関係の仕事をしていますが、このまま今の仕事を続けるかどうかを考えているところで、今日は何かのヒントを得られるのではないかと思って参加しました。

私は中国人ですが、日本人の友だちがたくさんいて、その人たちと話すのが大好きです。また、今までずっと国際交流について考えてきたの

で、そうした方向に進みたいという気持ちもあります。日本と中国の交流がもっとスムーズになるために、何かできればと思います。

人と人がぶつかるのは、お互いへの理解が足りないときです。やっぱりお互いの文化への理解が足りていないと思うんです。たとえば、日本人は中国人のことをうるさいと思っているでしょう。いつもケンカしているみたいだ、と。でも、中国語は、大きな声でないとしゃべれないんです。息を大きく使わないと発音できないのが中国語の特徴の一つです。私がそれを説明した友だちは中国語の勉強を始め、「確かに君が言うように、大きな声でないとしゃべれないね」と言いました。そういう一つひとつの理解が大事かなと思っています。

姜さんのお話の中で一番印象に残ったのは、「私たちは敵ではない、ライバルです」という言葉です。敵ではなくライバルで競争しているのだったら、みんなが向上します。競争によって、自分の国をより豊かにしていけます。また、東アジアの平和な250年間のお話もありましたが、その時期にはそれぞれの国が安定していて、それでお互いに交流があったと言います。そういう形をつくっていけたらいいと思います。

そしてそのときに、私は中国人ですが日本に住んでいるので、日本人の立場から中国を見ることができます。逆に、中国人の立場から日本を見ることもできます。そうした自分の立場が、日本と中国の交流の一助になれたらと思います。中国のことも日本のこともPR、紹介して、お互いの理解を深められたら。それを将来どういう形でできるかはわかりませんが、今日やりたいこととして明確に感じました。

アジアの一員という自覚をどうしたら持てるのか

高校生／日本（17歳）

私は高校生で、将来、看護師をめざしています。中学時代に軽いぜんそくにかかり、原因がわからず病院でも何度も検査を繰り返して大変だったときに、看護師さんがすごくやさしくしてくださって。それで自分も看護師をめざすようになりました。今、熊本には「ＴＳＭＣ」の工場ができ、外国のかたもたくさん来ると思います。私がもし看護師になれたら、そのときは外国人の患者さんも多く来ると思うんです。それで英語やほかの言語もしっかり勉強して、どんな国の人でも看護や介護ができるようになりたいと思っています。通訳なしで看護ができるのはすごく大切だと思うんです。

今日のお話の中では、「戦争はなぜ起こるのか」という質問が印象に残っています。本当に、考えてみても答えが全然見つかりません。なんで人が殺されなきゃいけないいんだろう。答えは出ないけれど、考えていくべき課題なんだと思いました。

もう一つ、国を見る視点についてのお話があったのですが、私自身、他国に対して先入観を持っていたり、あまりに知らないことが多いなと気づきました。北朝鮮と言えば、拉致やミサイルのニュースしか聞かないので、やっぱり怖いなと思いますし、K-POPや食べ物が魅力的な韓国には行ってみたいけれど、そのほかのイメージはあまりないし、中国についてもあまり知らないけれど、ちょっと怖いイメージもあります。台湾の人を5人挙げてという質問には、一人も書けませんでした。孫文など、歴史の授業では勉強していたんですよね。今日の授業では、教科書で学ぶだけで、それを知ることに何の意味があるんだろうと思っていた歴史が、今の世界につながるものとして見えてきた気がします。

これからは、イメージだけでなく、その国について自分なりに理解をしてから、ものを言うようにしたいと思います。人を大事にするというメッセージも強く心に残っているので、そういう視点で、周りのことに関心を広げていかなくてはと思っています。

疑問と言うか課題として残ったのは、今日の講義のポスターに「アジアの一員としての日本」とあったのですが、その言葉です。日本は日本で、私自身はアジアの一員であるということは考えられないというか……。欧州連合のようにアジアの連合という話もありましたが、そのためには、アジアの一員であるという自覚がまず必要だなと思います。それをどうやってつくっていくのか。アジアについて学びながら、考えていきたいと思います。

自分の視点だけではなく、相手側の視点も持ちたい

高校生／日本（17歳）

僕は高校生で、今17歳です。これまで特に政治や社会のことを学んできたわけではないのですが、18歳になると選挙にも行くようになるし、少し関心を持っていけたらと思って今日は参加しました。

今日の話は全般的に、僕にとっては難しいものだったのですが、何か一つでも自分の身になることを見つけようと思っていて、それが見つか

りました。

それは「相対化」という言葉でした。アジアの中からアジアを見る、そして向こう岸、ヨーロッパやそのほかの地域からの視点でもアジアを見る、というお話だったと思います。

たとえば身近なことで何か問題が起きたときに、自分だったら主観で物事を見てしまうと思うんです。自分は自分はっていう、そういう見方しか日常生活でもしてこなかった。でも相対化するということは、周りが自分をどう見ているかを考えるということです。自分がこれをしたら、言ったら、周りはどう思うだろうと考える。今後、それを一つひとつやっていきたいなと思いました。

もう一つ印象に残ったのは、北京のかたの「自由とは何か」という質問でした。中国では結構、自由が制限されているようでした。僕はずっと日本で生きてきたので、その感覚がわからない。校則はありますが、自由がしばられているとは感じません。僕が思う自由は、ルールがないこととは違います。ルールがなければ治安が悪くなり、殺人なども起きてしまうのではないかと思います。ルールのある中で、それを守りながら生きる。今の日本のような形が自由なのではないかと思います。

人それぞれ自由についての考え方は違うと思いますが、中国と日本では大きく違った。やはり文化が大きく違うのだということを、今日、実感しました。相対化、相手から自分を見る難しさもそこにあるかもしれません。でも、今日、中国のかたの話を聞いたように、実際の声を聞くとわかることがたくさんあります。それをヒントにしながら、相対化という今日の収穫を実践していきたいと思います。

知らないから誤解される。自分が本当のことを伝えたい

社会人／マレーシア（30歳）

私はマレーシアから参りました。マレーシアで働いていたのですが、日本に興味があって、日本のアイドル、嵐も好きですし、それで日本に来て、今、日本語学校で勉強しています。11カ月になります。

日本の人はみんなやさしくて、毎日楽しいです。電車の乗り換えが難しいとか大変なこともあるのですが、とても楽しいです。

一度、何かのイベントに参加したとき、私がヒジャブをかぶっていたので、日本人のかたに「それは何ですか?」と聞かれました。私は「これはヒジャブですよ。女の子を守るためのものです」と説明したのですが、そのとき「なんかテロリストみたいだね」と言われたことがあります。びっくりして何も言えなかったのですが、帰り道で苦しい気持ちになりました。ただ、それは私の責任でもあると思いました。みんな、私たちの文化を知らないんです。テレビから間違った情報が伝わっていたりするので、私が本当のことを教えたいと思います。

今日の講義はとても勉強になりました。いろんな国の人から意見も出て、すごいなと思いました。特に印象に残ったのは、日本の高校生のかたが戦争について質問していたことです。マレーシアにとっては、イスラエルとパレスチナのことは身近ですが、日本人にとっては遠くの話で、あまり関心がないと思っていました。それが、若い人からそういう質問が出たので偉いなと思います。私も、イスラムのことについてもっと勉強したいと思いました。

もう一つ、自由についての質問もあったのですが、それについても考えさせられました。私は自由がありすぎるのもよくないと思います。日本のいいところは、マナーのいいところ。みんながルールを守るところだと思います。日本では、時間を守るとか、ルールを守るというコモンセンスが根づいています。でも私が通っている日本語学校では、日本人は先生しかいないので、生徒はルールを守れなくて、何度言っても変わらない。そういうキャラクターと言うのか、違う文化の人たちが一緒に生活をして、うまくやっていくにはどうしたらいいのか、それが疑問です。

私はもっともっと日本のいいところを勉強したいと思います。そして、自分が頑張って学校でもルールを守る、いいことをする姿を見せて、ほかの人にも気づいてもらえたらと思いました。

人を見ることを大事にし、留学生のあと押しをしたい

社会人／日本（24歳）

私は福岡で日本語学校の職員をしています。学校には中国、マレーシア、ネパール、スリランカ、ミャンマーなどアジアからの留学生が多いです。私自身、本当に幼少の頃ですが、父の仕事でフランスに行ったり、住んだりしたことがあって、現地のかたにサポートしていただいた経験があるので、自分も恩返しをしたいと思うようになりました。日本

を選んで来てくださった外国のかたに、日本に来てよかったと思ってもらえるようにサポートをするのが仕事のやりがいです。

私の印象では、正直、日本人はまだまだ海外のかたに対する理解が追いついていない部分があるような気がします。以前、ファストフード店に勤務していたとき、指導役の人が、留学生アルバイトと日本人の学生に対する態度が違ったりするのも見てきましたし、福岡では最近、ネパールのかたが多く来てくれるようになったのですが、地元では、そのことに戸惑いを感じるかたが多くいらっしゃるのかなと思います。

姜さんのお話の中で、とても感銘を受けた言葉がありました。それは「人を見る」という言葉です。私も普段、どこの国から来たということだけで人を見るのではなく、その人自身を見るように心がけてきました。国による先入観を持たずに、その人と対話することを大切にしてきたんです。それが姜さんの言葉で認められたような気持ちになり、とても嬉しかったです。

日本に来た留学生は、少なからず何か心ないことを言われるなどの経験をしていると思います。せっかく日本で頑張ろうと夢を持ってきたのにうまくいかず、悪い方向に走ってしまうということもあると思うんです。それを少しでも自分が変えていきたいと思っています。今日はその背中を押されたような気がしています。

また今日、強く心に残ったのは、日本人だけでなく、さまざまな国から来た人がいる中で、姜さんが誰もがわかるように、みんなに伝わるように話していらっしゃったことです。平和について、偏見や差別について、自由について、どの話も、皆さんそれぞれ考え方は絶対に違うと思うんです。どれか一つの考え方の人だけに伝わればいいわけではありません。すべての人に伝わるように話すということが、すごく重要だと思いました。

そして戦争についてですが、戦争がなくならないのは、自分が今、平和でよかったなと見て見ぬふりをしてきた結果でもあるのではないかと思います。だから、見て見ぬふりをさせない環境づくりも、自分がやっていくべきことだなと思いました。

格差を縮小し、地域を発展させることで世界の平和に貢献したい

大学院生／中国（27歳）

私は中国の北京から来ました。今、大学院の2年生です。もともと西側諸国の文化に興味を持っていて、高校時代から日本のアニメが好きになり、独学で日本語を勉強して大学卒業後に日本に来ました。今、5年目になります。

講義の中で、自由とは何かということを質問させていただきました。

私はずっと自由について考えています。中国はやはり政府の力が強くて、制限がたくさんあります。学校でも先生たちが生徒をコントロールする権力がとても強く、たとえば18歳、成人になっても夜は10時までに寮に帰らなければいけないとか、共産党大会に行ったあとに感想を提出しなければいけないとか、ルールがたくさんあります。家庭でもそうです。母親の命令に従わなければいけないと言われ、私は母親の装飾品ではないと高校時代は常にケンカをしていました。

日本に来て最初の頃、普段の生活で政府の存在感がまったくないので、政府は何も仕事をしていないのかと違和感を覚えるほどでした。でも、民衆のことを考えていないわけではなく、市役所に行くととてもよくしてくれますし、私はコロナ中も日本にいたので、補助金も何回か受けました。自由と、そして平等を感じました。逆にそのコロナの間の中国の政策は、強制力が強いもので失望感を持ちました。

ただ、姜さんからは、中国が自由を制限しながら、貧困からの脱却を成し遂げたという話もありました。私は北京や天津などずっと大都市に住んできたので、貧困を知りません。個人の自由を追求するのは、まあ悪いことではないかなと思うのですが、もしも中国の国民全体のことを考えるなら、自分の自由に対する考え方は少し甘いのかなとも思いました。

自分の考える自由、平等、民主、それらが本当に正確なものかどうか、今日は専門家のお話を聞くことができました。本当によい機会でした。

中国では格差の問題を感じます。まずその格差を縮小し、地域の安定をはかること、それが地域の発展につながり、世界平和につながるのかもしれません。私は大学院で地域マネジメントを勉強しています。できるなら、自分の力を格差の縮小や地域の安定、発展に貢献するために使いたいです。そして、アジアは文化も宗教も違う国が多いのですが、その中でも協力し合えるようになるために、ほかの国のことも勉強して、偏見や古い観念を捨てていきたいと思います。

新たに悩みができました

大学院生／韓国（28歳）

韓国から来ました。大学院で半導体の研究をしています。日本に来て6年目になります。

日本に来た理由の一つは、日本の文化、着物や食べ物に興味があって、ドラマやアニメもほかの国のものよりも日本のものが自分には合うなと思っていたからです。また日本に来れば、グローバルな視野を広げることができそうだということと、親の支援がもしなくなっても、自分でアルバイトをしながら勉強を続けていけるかなと思ったのもその理由です。自分が独立する一歩として日本に来たと考えていただけたらと思います。

日本は韓国と距離も近いですし、大きな違いはないと感じました。もちろん違う点はありますが、韓国のよさもあれば、日本のよさもあるので、あまり不便などは感じたことがありません。

今日は、今後、自分が外国人として日本で働き、生活していくうえで人との交流に問題があったときにどうしたらいいのか、外国人だからという不当な扱いをされたときやそれを目にしたときにどうしたらいいのか、在日韓国人である姜さんや、ほかの国から来たかたがたのお話が参考になるかなと思って来ました。

ところが、それよりもむしろ、今まで考えてこなかったことを考えるきっかけになりました。それはやはり戦争の話です。韓国は北朝鮮と今も休戦状態です。緊張感のある状態が続いているのですが、実際には、私を含めて多くの韓国人はそこまでの危機意識を感じていないと思います。でも最近は、ウクライナとロシアのこともあり、緊張感が高まっていくのかもしれない、それをどういう態度で受け取ったらいいのかと思いました。真剣に考えると、毎日緊張感を持たなくてはいけなくなってしまいます。今の世界情勢の中で、どれくらいの態度で意識していったらいいのかを考えてみないといけないなと思いました。

また、やはりこの問題は韓国と北朝鮮、2国間だけの話ではなく、今は韓国と利害関係を持つ国はとても多くなっているので、多国間の枠組みで考えていかなければいけないのかなとも思います。

そう考えたときに、私は台湾の5名の名前をまったく書けず、白紙になってしまったので、そのことをとても反省しました。日本などの密接な国のこと以外、自分は興味を持っていなかったんですね。ただ、そこでまた問題なのは、北朝鮮のことです。北朝鮮の情報を知るには限界があるのではないでしょうか。どうやって知っていけばいいのか、疑問が残るんですね。脱北したかたの話を聞くと、上層部の人は豊かなのに、ほかの人たちはおなかをすかせて何もかも足りない状態だというので、国の体制が変わる必要があるのではないかとは思います。隣の国、北朝鮮自体を怖いとか、そのようには思いません。これからどう考えていくか、今日は悩みが生まれました。

今日のヒントをどう生かすかは自分次第。国際協力についてこれからも追究したい

大学生／日本（21歳）

将来は国際協力の分野に進みたいと考えていて、発展途上国の支援や、日本の多文化共生社会の実現などに貢献できる人材になりたいです。

グローバル化が進む世界で、今後の社会を担う私たち学生に求められるものは何か、と考えていて、今日の講義では、外国人労働者の受け入

れについて質問させていただきました。

姜さんからは、「労働力」ではなく、「人」として見ることが大切というご意見をいただきました。そういった人とのつながりを重視した日本社会を築くためには、信頼関係が必要だと思います。信頼関係を大切にしつつ、グローバル人材と日本人の架け橋となれるような、そんな存在になりたいなと思いました。

そのためには、何をしていくかが次の課題です。今日は大きなヒントをいただけたと思うのですが、そのヒントを今後、どのように自分のものにしていくか、自分がどのようなアクションを起こしていくか、それは自分次第なので、これから頑張りたいなと思いました。

今日は姜さんのお話のほか、いろいろな国の同世代のかたがたからもお話を聞くことができました。現在の日本社会・国際社会について関心を持っていること、そしてよりよい日本や世界の未来をつくりたい、という同じ志を持った同世代の人たちと出会うことができ、とても嬉しく思いました。

留学生は日本を好きでいてくれて、なにより日本のことをよく知っているということがわかりました。また、文化や言語が違っても日本で一生懸命勉学に励む姿に感銘を受けました。

これからは、自分が知らない世界について、まずは知るところからスタートしたいと思います

外交官になってアジア社会の構築に貢献したい

高校生／日本（17歳）

僕は歴史が大好きなのですが、歴史を学ぶにつれて、日本がアジアの国々に対して行ってきたことなどを考えると、日本の立場は難しい、微妙な立場にいるなという気がしています。今、世界の中でのアジアの存在感は増していると思います。その中で、日本はアジアの一員としてどういう振る舞いをしていったらいいのか、それを考える参考にしたいと思い、今日は参加しました。

今日、得ることのできた新しい視点は、東アジア連合をつくるとするならば、第三者の仲介役が必要だという考え方です。

僕は将来、外交官になるのが夢なのですが、今までは2国間の関係を考えていました。相手の国のことをよく知って、交流を深めていくことが大切なのはもちろんですが、ほかの国も巻き込んで潤滑油になってもらい、大きくまとまっていく。東アジアの共同体も、東アジアだけではなく、アメリカはもちろん、南アジアや東南アジア、オセアニアにも広げていく。そういう世界の構築について興味がわきました。

日本の政治は今、派閥などの力関係などに動かされて、大多数の意見ばかり尊重され、少数意見の尊重があまりなされていないように感じます。そういう争いはそもそも民主主義なのかなと疑問です。意見の相違を話し合いで解決していくのが民主主義なんじゃないかと思うんです。

世界情勢も、戦争が多く、少しずつ悪くなっているように見えます。姜さんもおっしゃっていましたが、人にフォーカスすることで、国をイメージでとらえることなく、お互いに理解していけるのかなと思います。その積み重ねで、世界は少しずつよくなっていくのではないかと思いました。

これまで外国のかたとふれ合う機会はほとんどなかったのですが、今日は中国のかたとも休憩時間にお話しすることができて、とても貴重な体験になりました。僕が一番行ってみたい国は中国です。中国の歴史は漢民族と少数民族が交じったり分裂したりの繰り返しだったと思うのですが、どんな体制で両者がうまくいっていたのか、またそれが分裂したのはなぜかなど、学ぶことが多いと思うんです。それに加え、中国は、今日知り合ったかたのいる国だと思うと、また別の見方ができるかもしれません。

もしも外交官になれたら、相手の国のよいところ、日本の国のよいところ、またお互いがお互いをどう思っているのかということを橋渡ししていけたらと思います。それを広げていくことで、いろんな国との平和ができるのかなと思い、そういう存在になりたいと思います。

大事なのは共感すること。映画監督になって人間ドラマを描きたい

社会人／台湾（28歳）

今日の話では、やはり中国のかたの自由についての質問が印象に残っています。僕は台湾出身なので、中国の状況はよくわかります。その中で彼は、自由について、平等について、国について、はっきり自分の考えを言ったのですごいと思いました。中国では言えない人が多いと思います。でも、そういう人がいるから、中国と台湾の関係に希望が持てる

と思いました。

僕はアジアの連合について質問しましたが、姜さんがそういうものを考えていたということに驚きました。大きな考えを持っているかただなと思いました。

また、台湾人の名前をみんな、あまり書けませんでしたが、それは予想どおりです。台湾は建国100年くらいなんです。歴史の短い国だし、中国との問題もあるから、ほかの国の人があまり知らないというのは予想どおり。でも今は台湾も国際的にいろいろ発信しているので、これから増えていけばいいかなと思います。

国と国には問題がありますが、人があるからこそ国ができていると僕は思っているので、だから人同士の交流が近いうちにもっとよくなり、国と国の関係も変わってくるのではないかと思います。

中国と台湾の関係で言えば、国的、政府的にはお互いに認めたくない。でも、その中の人民がみんなそう思っているわけではない。今の中国の若者には、台湾は中国の一部ではないという考え方の人も結構います。政府がどれだけ認めたくなくても、国の最終単位である人民はそういう考えを持っているから、国家の問題はいつか自然に解決すると思います。

将来、映画監督になるのが僕の夢です。映画監督になって人間ドラマを撮りたい。人と人の接触の中に生まれた感情を表現したいんです。人と人、二人がいれば、そこにみんなに伝えたいことが生まれると思うんです。そういう細かいところから人は変わっていくというか。

世界中、地球上にはいろんな人が生活していて、それぞれ自分の考え方があります。だからこそ差別もあるんですけど、自分の考えがあるからこそ、みんなで一緒に進歩ができるんですよね。ライバルでもあり、みんなで発展できる。映画界も、これから国際協力でできるものが増えて、もっともっと新しい映画がつくれるんじゃないかと思います。

インターネットが発達して、世界中の言葉を普通に聞くことができます。これからの若者たちが世界のことを知っていけば、戦争もしたくないと思うんじゃないでしょうか。お互いを知るチャンスが多いので、明るい未来を期待します。

もちろん、フェイクニュースなどもありますから、目の前の映像をちゃんと理解しないといけません。自分も世の中の見方を常に更新して、人に伝えていきたいと思います。どう伝えればほかの人にもわかってもらえるか、そこが一番大切だと思います。

それには、相手の立場で考えてみる、共感することが重要になってくるでしょう。やはり相手の立場に立つときに自分はどうするか、そこから考えていきたいと思います。

いつの日か国境を踏みつぶして欲しい

姜尚中

今日は高校生から大事な質問が出ましたね。戦争はなぜ起こるのかという質問でした。

まだこういう質問をしなければならない時代なんだというのが正直な感想です。若い世代にはやはり負荷を残したくないというか、そういう負荷を背負わず、身軽に自分の人生を切り開いていけるようにしたいという思いをずっと持ってきたのですが。大したことはできなかったけれど、そのように思ってきた大人として、この質問にはしっかり答えなければと思いました。

短い時間でしたが、彼らと話す中でわかったことは、彼らは過去について いろいろなことを知らないと言うけれど、その分、夾雑物《きょうざつぶつ》がなかったんですよ。夾雑物、余計なものと言うとおかしいかもしれませんが、生半可な知識や生半可なイデオロギー、そうしたものを交えた考え方をしていない。変な夾雑物がない分、可能性があると言うか、よい意味でのコモンセンス、常識、良識が若い人の中にしっかりと根づいているように思いました。今、大人たちがやっていること、これはあまりにひどいんじゃないかという、そういうコモンセンスです。これが麻痺《まひ》してしまうと一番まずいので、それはよいことだと思います。

平和を博打《ばくち》にしてはいけないと思うんです。博打にしないためにはどうしたらいいのか。これは本来、政治家が最も考えなければいけないことです。しかし、そういう政治家を生み出し、プッシュするのも国民ですから、やっぱり普通の人が、平和ということを単なる言葉や、あるいは棚からぼた餅のように外から落ちてくるものではなく、絶えず自分も働きかけなければいけないものだと考えることが大切だと思います。微力ではあっても非力ではない、こういう考えを持ってほしいと思います。

日々、平和であろうとする意志と、また小さなことであれ、行動を積み重ねていくこと。平和のためにはそれをやっていくしかありません。平和というものをリアルに考えていこうという、いわば平和のリアリズムが、若い人の中に芽生えているのを感じました。

講義終了後に聴講生一人ひとりと握手を交わした。

そういう意味で将来の平和に対して、僕は悲観も楽観も、どちらも今はしていないですね。ただ、戦後もう80年近くにもなる日本で、それなりのものが蓄積されてきたんじゃないかと、そう信じたいと思います。

若い人の疑問に答えていくというのはこんなに大切なことかと、今日は僕にとっても本当に有意義な時間になりました。ありがとうございました。

いつの日になるんでしょうね。それでもこの言葉を最後に贈りたいと思います。

「いつの日か国境を踏みつぶして欲しい。」

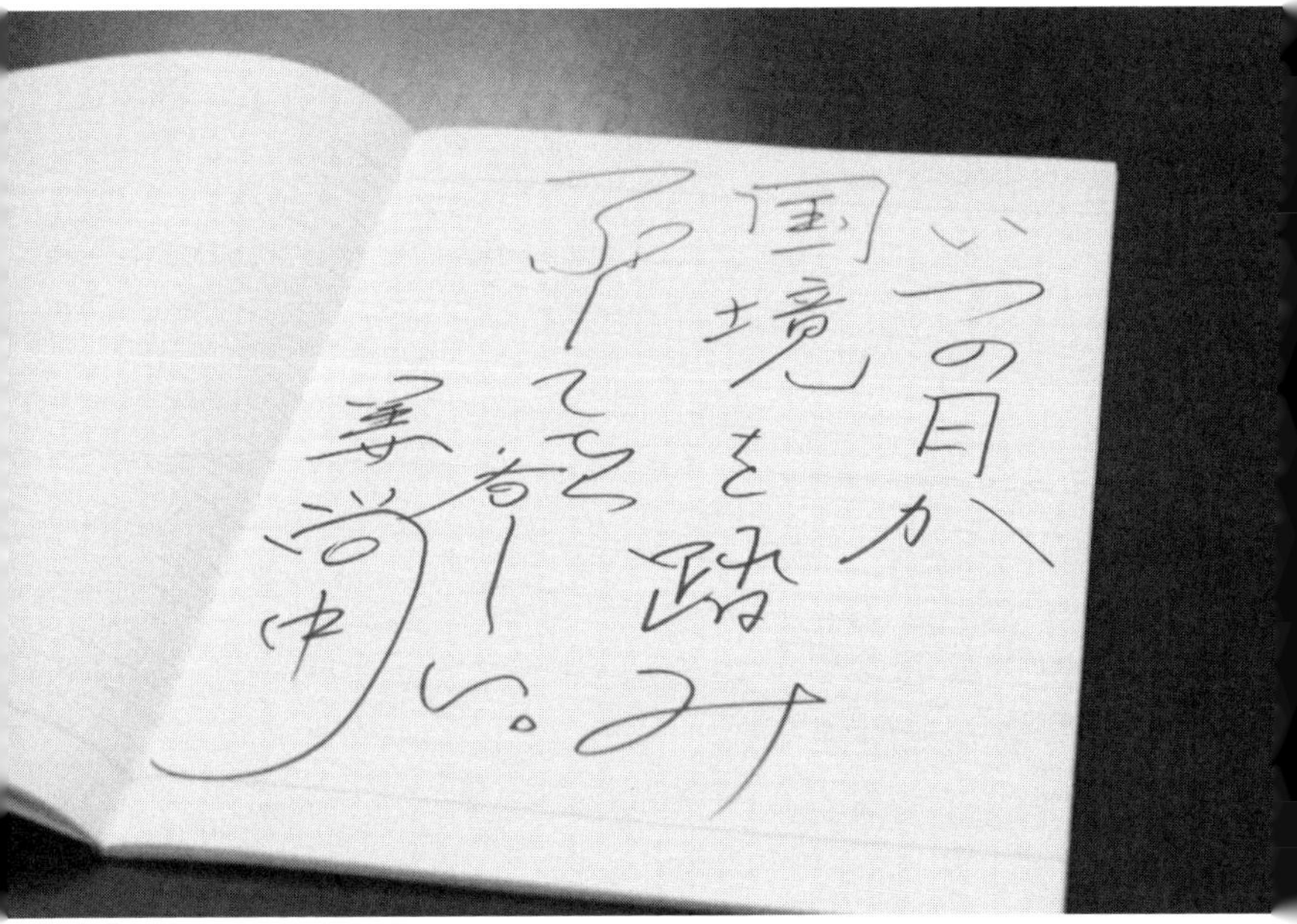
いつの日か、
国境を踏み
入れて欲しい。
妻

姜尚中（カン　サンジュン）
1950年生まれ。政治学者。東京大学名誉教授、鎮西学院学院長、熊本県立劇場館長。著書に100万部を超えた『悩む力』、『続・悩む力』『心の力』『母の教え 10年後の「悩む力」』『朝鮮半島と日本の未来』『在日』『母―オモニー』『心』『アジアを生きる』（すべて集英社）など。『アジア人物史』（集英社）では総監修を務める。

装丁／藤田知子（HEMP）
編集協力／志村美史子
校正／荒川照実　佐藤明美
本文デザイン／松田修尚（主婦の友社）
編集担当／石井美奈子（主婦の友社）

〈番組制作〉
撮影／山田英司　葛原圭人
音声／堂坂武史　小田 崇
取材／平田早季　張格領
編集／尾崎意仁
ディレクター／野溝友也
制作統括／伊東恵雄　内田俊一　長澤智美
制作／NHKグローバルメディアサービス
制作・著作／NHK　テレビマンユニオン

最後《さいご》の講義《こうぎ》 完全版《かんぜんばん》
政治学者《せいじがくしゃ》　姜尚中《カンサンジュン》

令和7年4月30日　第1刷発行
令和7年8月10日　第2刷発行

著　者　姜尚中《カンサンジュン》
発行者　大宮敏靖
発行所　株式会社主婦の友社
〒141-0021　東京都品川区上大崎 3-1-1 目黒セントラルスクエア
電話　03-5280-7537（内容・不良品等のお問い合わせ）
049-259-1236（販売）
印刷所　株式会社DNP出版プロダクツ

Printed in Japan　ISBN978-4-07-461497-4